ELENA PISONERO

El espíritu del sherpa

Cómo cruzar el siglo sin perderte

ALMUZARA

© Elena Pisonero Ruiz, 2025
© Editorial Almuzara, s.l., 2025

Primera edición: septiembre de 2025

Editorial Almuzara • Ensayo
Editora: Ángeles López
Corrección: Nieves Porras
Maquetación: Joaquín Treviño

www.editorialalmuzara.com
pedidos@almuzaralibros.com - info@almuzaralibros.com

Editorial Almuzara
Parque Logístico de Córdoba. Ctra. Palma del Río, km 4
C/8, Nave L2, nº 3. 14005 - Córdoba

Imprime: Gráficas La Paz
ISBN: 978-84-10529-66-3
Depósito legal: CO-1381-2025
Hecho e impreso en España - *Made and printed in Spain*

A María José, mi sherpa *en esta vida y
en todas las que imaginemos juntas*

Ruta

ETAPA I:
El viaje

Nos encontramos en un punto de inflexión, en un umbral. El mundo que creíamos conocer está en transformación acelerada, impulsado por fuerzas que redibujan nuestras estructuras sociales, políticas y económicas. Este libro pretende ofrecer una brújula para navegar la incertidumbre.

Soy de las que piensan que el futuro no está escrito y que podemos, y debemos, prepararnos activamente para lo que pueda venir, haciéndolo más nuestro, porque así podemos sentir que somos protagonistas de nuestra vida.

Capítulo 1
Invitación al viaje

Este libro es una invitación al viaje. Es una exploración sobre los grandes cambios de nuestra era y cómo afrontarlos. La promesa no es dar respuestas definitivas, sino ayudar a hacer las preguntas correctas. ¿Cómo evolucionará nuestra sociedad? ¿Qué papel jugará la tecnología? ¿Qué significa ser humano en este nuevo contexto?

La historia de la humanidad está marcada por momentos de disrupción que exigen nuevas formas de pensar y actuar. Estamos viviendo uno de esos momentos. Las certezas de la segunda mitad del siglo xx ya no funcionan en un mundo que se mueve a otra velocidad. La digitalización, la crisis climática y la reconfiguración del poder global nos exigen revisar nuestros modelos mentales. Y las brechas crecientes nos invitan a cambiar cómo vivimos.

DE DÓNDE VENIMOS Y HACIA DÓNDE VAMOS

Para comprender lo que viene, es imprescindible entender de dónde partimos. A veces lo desconocemos y otras preferimos olvidarlo. En las últimas décadas, la globalización, bajo la *Pax Americana*, permitió a Europa y a otras regiones desarrollar modelos de bienestar sin preocuparse por su propia defensa. Y ha permitido a países como China crecer hasta convertirse en la segunda economía mundial exportando bienes a precios muy competitivos. Pero ese equilibrio se ha roto. Las tensiones geopolíticas, la competencia entre potencias y el declive de ciertas estructuras institucionales han abierto una nueva era de incertidumbre.

En paralelo, el avance tecnológico ha acelerado la transformación del trabajo, la educación y las relaciones humanas. Estamos hiperconectados y, sin embargo, más fragmentados (y aislados y solos) que nunca. La digitalización ha creado nuevas oportunidades, pero también ha generado desafíos en términos de seguridad, privacidad y cohesión social.

El modelo económico, social y político no es sostenible en su conformación actual. Genera unas brechas, tanto en el entorno natural como en la sociedad en la que vivimos, que no estamos sabiendo cerrar con nuestras viejas rutinas, herramientas y políticas.

El futuro no se limita al territorio físico en el que nacimos. La exploración espacial, la biotecnología y la inteligencia artificial están redefiniendo lo que significa ser humano. Nos encaminamos hacia una era en la que la biología y la tecnología se fusionan, desdibujando las fronteras entre lo natural y lo artificial. ¿Qué implicaciones tiene esto para nuestra especie? ¿Cómo afectará a nuestra identidad y a nuestras estructuras sociales?

EL INDIVIDUO EN LA ERA DE LA INCERTIDUMBRE

En este contexto de cambio, la pregunta clave para mí es: ¿cómo nos posicionamos como individuos? No podemos controlar el futuro, pero sí podemos —y, en mi opinión, debemos— prepararnos para él. Adaptación y mejor con anticipación. No es práctico resistirse a la transformación; es preferible comprender sus dinámicas para encontrar nuestro lugar en ella.

El mundo que viene exigirá nuevas habilidades: pensamiento crítico, flexibilidad y capacidad para colaborar en entornos diversos. También nos obliga a repensar nuestras relaciones con las instituciones, el conocimiento y la propia identidad.

La polarización política y social es un reflejo de esta incertidumbre. En un mundo donde las certezas se desmoronan, las narrativas simplificadas ganan terreno. Pero la respuesta no está en los extremos, sino en la capacidad de construir puentes y generar estrategias adaptativas.

La demografía va a jugar un papel clave. Mientras algunos países envejecen y ven reducida su fuerza laboral, otros experimentan un crecimiento poblacional explosivo. Estas asimetrías están redefiniendo los flujos migratorios, los modelos económicos y las dinámicas del poder global.

AFINAR LA MIRADA PARA ACTUAR

Este libro es una conversación sobre el futuro. No busca imponer una visión única, sino abrir un espacio de reflexión sobre los caminos posibles. La clave no está en predecir lo que ocurrirá, sino en comprender las dinámicas en juego para tomar mejores decisiones. Esas decisiones darán forma al mañana.

Vivimos en un momento de profunda disrupción. Los marcos que han sostenido el orden global se resquebrajan, las certezas del pasado pierden validez y la aceleración tecnológica nos enfrenta a nuevos dilemas. En este contexto, la verdadera ventaja no reside en conocer el futuro, sino en desarrollar la capacidad de navegarlo.

El propósito de este libro es dotarte de una visión sistémica del cambio, conectar los puntos entre tendencias aparentemente inconexas y ofrecer herramientas para interpretar el presente con mayor profundidad. Entrenar una nueva manera de mirar, una forma de pensar que permita tomar decisiones más informadas y estratégicas.

Mi visión parte de una premisa fundamental: el ser humano no está condenado a la incertidumbre, sino que puede aprender a moverse en ella, como hicieron nuestros antepasados ante situaciones muy adversas.

Más que un destino, el futuro es un territorio por explorar. En este viaje, no soy quien dicta el camino, sino quien te acompaña como *sherpa*, ayudándote a interpretar el paisaje, detectar los peligros y aprovechar las oportunidades. Este no es un libro de predicciones ni un manual con respuestas definitivas sobre el futuro. No promete certezas, porque el futuro no se escribe con seguridad, sino con preguntas, hipótesis y elecciones.

Lo que sí ofrece es una guía para entender las señales del cambio, identificar los factores que están transformando nuestra realidad y, sobre todo, preparar la mente para pensar estratégicamente en un mundo en constante evolución.

Es una invitación a cuestionar, a ampliar la perspectiva y a prepararnos, no para un único futuro posible, sino para múltiples escenarios en los que podamos tomar un rol activo.

Si, al final de estas páginas, has cambiado la forma en que observas el mundo y te sientes más preparado para actuar en él, entonces habrá cumplido su propósito.

No sabemos con certeza cómo será el 2050, pero sí estamos seguros de que la forma en que nos preparemos para él determinará nuestro papel en esa historia.

Capítulo 2
Sherpa *s. XXI: Una nueva forma de acompañar*

Para este viaje de exploración a través del siglo XXI, me ofrezco como *sherpa*: esa persona que acompaña en la travesía con su bagaje y el propósito de ayudarte a alcanzar puertos seguros. A continuación, te explico mi propuesta.

APRENDER DEL PASADO SIN QUEDAR ATRAPADOS EN ÉL

A lo largo de la historia, los grandes cambios nos han obligado a mirar de nuevo lo que creíamos comprender. Pero hay un reflejo humano casi instintivo: intentar proyectar el futuro con las herramientas del pasado. Lo hacemos sin darnos cuenta. Repetimos modelos, intuiciones, recetas que antes funcionaron. Nos aferramos a mapas que ya no describen el territorio.

La historia, nuestras experiencias y las ideas acumuladas son una mochila valiosa, pero, en tiempos de disrupción, esa mochila debe ser ligera, flexible, abierta a ser reordenada. Lo que ayer era certeza, hoy puede ser obstáculo.

La anticipación estratégica empieza por reconocer este sesgo: no vemos el futuro con claridad porque nuestros marcos mentales siguen anclados a un mundo que ya cambió. El mayor error al pensar el futuro no es la falta de información, sino la incapacidad de ver lo nuevo en lo que me rodea, ya que lo filtramos con lentes viejas.

El primer paso para anticipar es desapegarse. El desapego es uno de mis grandes aprendizajes, posiblemente el que más me sigue costando, y por eso lo valoro tanto. No se trata de romper con todo, pero, desde luego, sí de cuestionar lo que nos hace daño. Dejar ir lo que ya no sirve para dejar espacio a lo que emerge. Mirar hacia atrás con gratitud y pensamiento crítico, no con nostalgia ni inercia. Se trata de aprender del pasado, sí, pero sin quedarnos atrapados en él.

El *sherpa* sabe que la historia no se repite, pero rima. Y en esas rimas está la clave para detectar patrones, evitar errores y preparar caminos más sólidos hacia lo desconocido.

Uno no se convierte en *sherpa* por haberlo leído todo o por haber dirigido muchas cosas. Lo hace el camino recorrido —las veces que nos caímos, nos perdimos, dudamos…— y las ganas de seguir arriesgando y aprendiendo a pesar de todo. La mochila que llevamos a la espalda no está llena solo de conocimientos técnicos o ideas leídas en libros, sino de vivencias, de decisiones tomadas con información incompleta, de aciertos y errores que nos han afinado la mirada.

En mi caso, esa mochila está compuesta por décadas de trabajo en ámbitos muy distintos: desde la política hasta la empresa, desde lo local hasta lo internacional. Cada paso me ha ido enseñando que no se trata de acumular experiencias como trofeos, sino de saber leerlas con humildad y usarlas como instrumento para entender lo nuevo, para seguir viviendo.

La experiencia —cuando se combina con la reflexión y el contraste genuino— puede darnos perspectiva. Permite detectar patrones en medio del ruido. Nos ayuda a distinguir entre una moda pasajera y un cambio estructural. Pero solo si aprendemos a soltar el sesgo de lo que «nos funcionó antes». La experiencia puede también ser una trampa si se vuelve dogma. El *sherpa* sabe que no basta con mirar el paisaje actual desde el conocimiento acumulado. Hace falta reinterpretar lo vivido a la luz de lo emergente. Convertir la experiencia en lente dinámica, no en peso muerto.

La figura del *sherpa* que propongo es también un testimonio de transformación personal. De cómo lo vivido se convierte en sabiduría solo si se pone al servicio del presente. No para dictar el camino, sino para iluminarlo.

Este libro nace también como una forma muy personal de reflexionar sobre lo que he vivido, de dar sentido a momentos en los que la oscuridad fue real. Es una terapia personal tanto como una propuesta colectiva, porque ha habido etapas en las que he dudado profundamente de mi lugar en el mundo, de mi propia viabilidad como persona.

El psicoanálisis fue clave en ese proceso. Me ayudó a desmontar patrones que me hacían daño, a soltar exigencias que me limitaban y a hacer espacio para nuevas formas de ver y vivir. Solo así he podido reaprender a mirar con más flexibilidad, más compasión y más apertura. Primero, conmigo misma.

Desde ahí escribo y comparto. No porque tenga todas las respuestas, sino porque sigo buscando. Y porque creo, de corazón, que solo si nos atrevemos a mostrar nuestras grietas podemos ofrecer, verdaderamente, acompañamiento a los demás.

ANTICIPACIÓN CREATIVA: ENTRE EL ARTE DE IMAGINAR Y EL CORAJE DE CONSTRUIR

Anticipar no es adivinar. No es jugar a ser oráculo. Es observar, interpretar, conectar lo que parece disperso. Y, sobre todo, atreverse a imaginar lo que aún no se ve claramente, sin despegar los pies del suelo.

La anticipación creativa se apoya en datos, sí, pero también en intuición, en sensibilidad estratégica. Muchas transformaciones no vienen con pancarta. Llegan como señales débiles, a veces incómodas, que desafían nuestros marcos mentales.

Es ahí donde el *sherpa* aporta valor: no con predicciones cerradas, sino con escenarios posibles.

La palabra «escenario» no nació en los despachos ni en las aulas de estrategia. Viene del teatro. Es el espacio donde se representa una historia, donde los actores ensayan posibles situaciones antes de que ocurran. Y esa idea —ensayar futuros— fue recogida con fuerza por el mundo militar, que desde hace décadas entiende que anticiparse al enemigo, a la crisis o a la oportunidad exige algo más que datos: requiere visión, flexibilidad y capacidad de imaginar.

Así nacieron las técnicas de escenarios estratégicos. En lugar de predecir un único futuro probable, se exploran varias proyecciones posibles. Se simulan entornos alternativos, se identifican fuerzas que podrían cambiar el juego y se dibujan mapas de incertidumbre. Es un ejercicio técnico riguroso: requiere entrenamiento, método, contraste de visiones. Pero también es un arte: el arte de mantener la mente abierta, de conectar señales débiles, de dar espacio a lo inesperado. Es un modo de pensar que parte de una premisa fundamental: el futuro no está escrito, pero muchas piezas ya están aquí.

Muchos prefieren pensar que sí lo está. Es más cómodo, exime de responsabilidad. Pero yo no lo creo. Y no solo no lo creo, sino que lo he vivido. En cada etapa de mi vida, personal y profesional, he tenido que elegir, incluso cuando las condiciones parecían imponer una sola salida. He aprendido que, aunque no controlemos todo, siempre tenemos un margen: el de nuestra reacción, nuestra actitud, nuestra decisión. Como decía Viktor Frankl, entre el estímulo y la respuesta hay un espacio. Y en ese espacio reside nuestra libertad.

Por eso, anticipar no es resignarse a lo que viene, ni refugiarse en el miedo o el lamento. Es prepararse para lo incierto, con ilusión, con convicción, con el deseo de contribuir a un mundo mejor. Es diseñar opciones. Imaginar rutas. Y tener el coraje de recorrerlas.

Porque sí, habrá circunstancias adversas. Sí, habrá límites que no podamos cambiar. Pero también habrá oportunidades que solo veremos si estamos despiertos. Y el sentido, la motivación profunda, no vendrá de esperar que el futuro nos lo den otros hecho; vendrá de sentir que lo estamos construyendo.

Ese es el poder de la anticipación: no consiste en saber lo que va a pasar, sino en estar mejor preparados para que, pase lo que pase, sepamos cómo actuar. Y hacerlo con humanidad, con propósito y con pasión.

CONOCER AL OTRO: LA EMPATÍA COMO HERRAMIENTA ESTRATÉGICA

Anticipar el futuro no es solo leer datos o detectar tendencias. Es, sobre todo, entender a las personas. Acompañar a otros en el cambio exige algo más que conocimiento técnico: requiere empatía, escucha profunda, capacidad de ver el mundo desde otras miradas.

En Oriente, esta sabiduría es ancestral. *El arte de la guerra*, de Sun Tzu, lo deja claro: «Conócete a ti mismo y conoce al enemigo, y no tendrás que temer el resultado de cien batallas». Y esa enseñanza, en pleno siglo XXI, ha sido aprovechada por quienes han jugado con mayor agilidad en el nuevo tablero global.

Mientras tanto, en Occidente, embriagados por una sensación de superioridad cultural y política, nos creímos el centro del mundo. Descartamos otras visiones como periféricas, y, en ese error, nos volvimos ciegos.

Esa es la paradoja: mientras nosotros despreciábamos lo diferente, otros observaban; mientras presumíamos de lo propio con arrogancia, los otros aprendían de nosotros en silencio. Y así, en parte por desconocimiento y en parte por desdén, fuimos perdiendo iniciativa, poder y capacidad de anticipación.

Hoy, la empatía estratégica no es un lujo ni una virtud blanda: es una necesidad. Si queremos avanzar como humanidad —y también si queremos proteger lo que somos—, debemos salir de nuestra burbuja, mirar más allá de nuestras narrativas y entender cómo piensan y actúan los otros.

Porque esta habilidad no solo construye puentes, también permite leer el mapa emergente, prever intenciones y anticipar movimientos. Como en una partida de ajedrez, no basta con saber mover nuestras piezas: hay que leer el juego del otro. Y para eso, hace falta una mirada menos ensimismada y mucho más lúcida.

Esta habilidad de conocer al otro se vuelve aún más crucial en un mundo hiperconectado digitalmente, donde las burbujas cognitivas y las cajas de resonancia nos aíslan al hacer que nos relacionemos solo con los similares. Eso nos hace vulnerables a la manipulación y fragiliza nuestras democracias. La falta de autocrítica, de cuestionamiento y de formación no hace sino agravar la situación.

Nos encontramos frente a un cambio paradigmático: el riesgo de caer en manos de aquellos que nos prometen seguridades a cambio de nuestra libertad, dejándonos vulnerables al futuro. Este es un desafío que, como veremos, es central para la evolución de la gobernanza y el papel de las democracias en el siglo XXI.

MIRADA SISTÉMICA: CONECTAR PUNTOS, NO COMPARTIMENTOS

Nada de lo anterior tiene sentido si no desarrollamos una mirada sistémica, esa capacidad de ver los hilos que conectan lo que parece inconexo. La vida no se divide en disciplinas: lo geopolítico afecta a lo económico, lo tecnológico transforma lo humano, lo emocional condiciona lo político.

El *sherpa* de este siglo no debe quedarse con explicaciones simples, sino visualizar mapas complejos que ayuden a moverse. Y en esa tarea, lo más importante no es tener razón, sino tener perspectiva.

Y así sigo caminando. Sin certezas absolutas, pero con la brújula afinada por lo vivido. Porque quizá eso sea ser *sherpa*: saber que el camino cambia, que a veces hay que detenerse, revisar la mochila y volver a empezar con menos peso y más mirada.

«El verdadero descubrimiento del viaje no consiste en encontrar nuevos territorios, sino en adquirir una nueva mirada». —Marcel Proust

Campamento I[1]:
Preparar la mochila

El sol ha caído ya detrás del horizonte, y con él se lleva el bullicio del día, regalándonos una quietud que invita a la reflexión. El fuego, recién encendido, comienza a susurrar con un lenguaje antiguo, hipnótico, mientras las llamas dibujan siluetas fugaces sobre las caras de quienes nos reunimos alrededor. Es nuestro primer campamento juntos, una pausa inicial donde sentimos la fuerza simbólica de lo que estamos emprendiendo.

Cada travesía comienza siempre con una misma pregunta: ¿qué llevar? Nos sentamos cerca del fuego, en círculo, dejando que las chispas asciendan suavemente hacia un cielo despejado, y buscamos dentro de nosotros. Este viaje comenzó en solitario, íntimo, con preguntas personales y silenciosas, pero ahora, alrededor del fuego, aparecen compañeros desconocidos que también han llegado aquí desde distintos lugares, con experiencias, motivaciones y equipajes diferentes.

Preparamos la mochila no solo con lo evidente —ropa, alimentos, herramientas—, sino también con más dudas que certezas y un hueco reservado para la esperanza. ¿Qué es imprescindible para el viaje que tenemos por delante? ¿Qué podemos soltar para avanzar más ligeros? Escuchando a quienes nos rodean, comprendemos que parte del valor del viaje está

---

1   Nota sobre los campamentos: a lo largo del libro, se intercalan *campamentos narrativos*. No son capítulos en sentido clásico, sino pausas simbólicas que actúan como parte del cuaderno de viaje. En ellos, la voz del *sherpa* toma un tono más íntimo, emocional y reflexivo. Están ubicados estratégicamente entre bloques temáticos para invitar al lector a detenerse, procesar lo leído y conectarlo con su propia experiencia.

precisamente en estas voces nuevas, en estas historias distintas que amplían nuestra visión del camino.

En la mochila caben recuerdos que nos arraigan y acompañan, pero también preguntas que buscan respuesta. Alguien menciona que la experiencia es fundamental, pero otra voz recuerda que demasiada experiencia puede transformarse en rigidez. Surge entonces un diálogo espontáneo sobre lo valioso de mantener una actitud flexible, de llevar también la capacidad de sorprendernos, de aprender y desaprender continuamente.

La conversación se vuelve más íntima cuando alguien admite, en voz baja, que en ocasiones siente temor ante lo desconocido, y otro responde que tal vez el miedo, en su justa medida, también es útil: nos mantiene alerta, nos ayuda a respetar lo imprevisto y a mirar con humildad lo que desconocemos.

El *sherpa* rompe su silencio después de observar y escuchar solo para señalar algo esencial: la importancia de las preguntas que escogemos cargar con nosotros. «No se trata de buscar certezas», dice suavemente, con la mirada perdida en las brasas, «sino de elegir preguntas que nos mantengan vivos, que nos empujen a avanzar con curiosidad y coraje, especialmente cuando la niebla se haga más espesa».

Durante un largo rato, nos quedamos en silencio contemplando las llamas, sintiendo cómo, lentamente, la mochila se llena de sentido: la memoria del pasado, sí, pero, sobre todo, el deseo y la decisión de estar plenamente presentes en cada paso del futuro. Reconocemos entonces que, aunque iniciamos el viaje solos, la compañía se vuelve imprescindible, pues la soledad es un signo de estos tiempos y necesitamos sentirnos acompañados y apoyados. Porque este empeño que enfrentamos será común, o simplemente no será.

Al alejarnos del fuego, listos para descansar antes del amanecer, sabemos que la verdadera travesía acaba de empezar. Este campamento, este primer encuentro con compañeros desconocidos y distintos, ha sido el ritual de inicio que necesitábamos. Ahora avanzamos más ligeros, más claros, abiertos a descubrir lo que aún no sabemos que no sabemos. Y es en esa promesa incierta, en esa apertura honesta hacia el futuro y hacia los otros, donde reside la verdadera fuerza del viaje que iniciamos juntos.

¿Qué te preocupaba al elegir este viaje? ¿Cuáles son tus expectativas?

ETAPA II:
2025

No siempre hay una señal clara. A veces, lo que marca un antes y un después no es un gran estallido, sino una suma de hilos tensados, de silencios rotos, de grietas que ya no se pueden ignorar. Eso es lo que venimos sintiendo: cambios, crisis. Que el mundo ya no responde a lo que conocíamos.

Vamos a detenernos para mirar este presente de 2025 que nos desborda. Sin filtros. Intentemos comprender por qué sentimos que las reglas anteriores ya no funcionan. Aquí no buscamos respuestas rápidas, buscamos sentido.

Capítulo 3
2025 como umbral

Este libro nació de una intuición, de la sensación cada vez más nítida de que estábamos cruzando un umbral. Las señales se multiplicaban. Las certezas del siglo XX con las que nacimos dejaban de funcionar. Y, mientras esbozaba la estructura del libro, 2024 se presentaba como un año en el que más de la mitad de la población mundial estaba convocada a las urnas. Pero no era solo la cantidad, sino también el clima. La fragilidad democrática se hacía evidente. Y, en el horizonte, una elección crucial: la presidencia de Estados Unidos.

En aquel momento, la posibilidad de un regreso de Donald Trump no era solo una opción electoral, sino un síntoma profundo. El asalto al Capitolio aún resonaba; había sido juzgado, incluso condenado. Y, sin embargo, avanzaba. La sensación era la de una democracia puesta a prueba, de un sistema institucional que podía quebrarse. Eso ya era suficientemente disruptivo. Pero lo que ocurrió a comienzos de 2025 superó las expectativas.

Trump fue elegido presidente. En sus primeros cien días, cada jornada trajo un nuevo giro, y en los siguientes tres meses el desconcierto continuó. Muchos medios lo leían como caos, como excentricidad, como improvisación. Pero, al observar con mayor profundidad, lo que se vislumbra tras el caos es un nuevo juego en construcción: uno autoritario, transaccional, con una agenda global que rompe las estructuras previas. Las decisiones son rápidas, contundentes, a menudo pendulares, y están redibujando el tablero internacional a una velocidad que la opinión pública aún no alcanza a procesar. Lo que algunos ya califican como «geopolítica del cortisol»: estresar para neutralizar y actuar sin resistencia.

Así vivimos la primera parte del año. Así se encendió la alarma de esta catarsis. Porque ya no era intuición: era constatación. El mundo tal como lo conocíamos no está en transformación, está en mutación. Lo que parecía ruido se revela ahora como patrón.

Y ese patrón no se limita a una figura política ni a un partido concreto. Lo verdaderamente profundo —y preocupante— es que el país que diseñó el orden internacional tras la Segunda Guerra Mundial lo está desmontando desde dentro. Ya no se trata de decisiones improvisadas o gestos unilaterales: hablamos de una transformación sostenida, que se venía gestando en gobiernos anteriores y que atraviesa capas profundas de la sociedad estadounidense.

Lo más impactante para la geopolítica global es que, por primera vez en casi un siglo, los lazos transatlánticos —ese eje entre Estados Unidos y Europa que fue la columna vertebral del orden occidental— ya no pueden darse por garantizados. Su debilitamiento no solo reconfigura el poder, sino que deja al mundo sin una arquitectura compartida. En su lugar, emergen dinámicas fragmentadas, alianzas basadas en intereses inmediatos y una creciente desconfianza estructural entre antiguos aliados.

Y este libro, que comenzó como un ejercicio de anticipación, se vuelve testimonio vivo de un momento en el que mirar con perspectiva ya no es un lujo: es una urgencia. El futuro ya está aquí.

Este capítulo no busca ofrecer un diagnóstico técnico, sino captar una sensación extendida: la de que algo se ha roto, o al menos, que ya no encaja. Es una catarsis con tintes dramáticos. Era una grieta silenciosa que se ha ido abriendo durante años y que ahora deja pasar la luz. La luz incómoda del presente, que ya no se puede esquivar.

Durante demasiado tiempo, el discurso público ha estado plagado de palabras como disrupción, transformación, incertidumbre… Pero el mundo no se transformaba mientras lo decíamos.

Lo hacía en sus propios términos, sin pedir permiso. Y cuando por fin lo notamos, ya no era futuro: era presente.

La catarsis 2025 no es un evento, es un espejo. Nos devuelve la imagen de una sociedad cansada, desinformada, fragmentada. Una sociedad que aún no ha encontrado cómo nombrar del todo lo que está viviendo. Y, sin embargo, lo está sintiendo. Lo sentimos en la ansiedad difusa, en el desgaste emocional, en la desafección política, en la sensación de que algo importante está ocurriendo, pero no sabemos muy bien qué hacer con ello.

Este momento es también una oportunidad, porque nos obliga a hacer preguntas que ya no podemos aplazar: ¿por qué no supimos ver lo que venía? ¿Qué señales descartamos porque no encajaban en nuestros marcos mentales? ¿Qué verdades asumimos sin cuestionarlas?

Capítulo 4
Cronología vertiginosa de 2025

Sirva hacer un repaso de las noticias de los primeros meses de 2025 para darnos cuenta de la aceleración de la disrupción.

El 20 de enero tuvo lugar la segunda investidura de Donald Trump como presidente de EE. UU. En cuestión de horas adoptó una batería de medidas disruptivas: firmó 26 órdenes ejecutivas, entre ellas la retirada de EE. UU. de la OMS (Organización Mundial de la Salud) y la creación del Departamento de Eficiencia Gubernamental, que busca eliminar toda la burocracia y el gasto superfluo bajo la dirección de Elon Musk. Se eliminan políticas de inclusión, se revierten medidas climáticas y se conceden indultos masivos a acusados del asalto al Capitolio y a milicias extremistas. EE. UU. impone aranceles del 25 % a Canadá y México, y amenaza con nuevas guerras comerciales con Europa y China, rompiendo consensos históricos.

El vicepresidente de EE. UU., J. D. Vance, lanza en la Conferencia de Seguridad de Múnich un ultimátum a Europa para que incremente su autonomía defensiva y deje de depender de la protección estadounidense, instando a los países europeos a ocuparse de su propia seguridad y resolver sus problemas internos. Esta exigencia marca un despertar dramático para Europa, que daba por garantizados los lazos trasatlánticos, viéndose ahora forzada a redefinir su papel en el escenario global.

La Casa Blanca presiona a la Reserva Federal para que reduzca los tipos de interés, desafiando la independencia del banco central, pieza clave del sistema financiero internacional. Al mismo tiempo, se anuncian indultos adicionales a partidarios propios y se amenaza con recortes a universidades de élite, acusándolas de «ideologización». Además, se exige a Europa y a la OTAN que asuman el coste total de cualquier compromiso de defensa, presionando a los aliados europeos a redefinir su estrategia de seguridad.

Trump declara el día 2 como fecha de la liberación, con una política arancelaria basada en el saldo comercial de cada país, rompiendo unilateralmente el principio de nación más favorecida y desmantelando 80 años de comercio internacional basado en reglas compartidas. Estos aranceles arbitrarios se convierten en un chantaje institucional y en una herramienta de geoeconomía, utilizando las dependencias comerciales como armas de poder. Al mismo tiempo, se intensifica la presión para desmantelar el apoyo a energías renovables, priorizando los combustibles fósiles. En Europa, se produce la llegada de un canciller conservador en Alemania, reconfigurando el equilibrio de poder en la Unión Europea. Al mismo tiempo, el Vaticano elige al primer Papa estadounidense, un hecho simbólico, pero que actúa como contrapeso a las políticas de Trump.

China implementa restricciones quirúrgicas a la exportación de tierras raras, demostrando su capacidad de coacción geoeconómica y subrayando su dominio sobre cadenas de suministro críticas.

Junio se revela como un claro punto de inflexión en la ruptura del multilateralismo liberal occidental y el avance hacia un mundo multipolar. En la cumbre de la OTAN, las exigencias de Estados Unidos para aumentar el gasto militar generan divisiones internas en Europa, donde algunos países temen que estos compromisos impliquen recortes en el gasto social, alimentando tensiones sociales. En el G7 de Canadá, por primera vez en décadas, no se logra un comunicado conjunto, simbolizando el colapso del consenso multilateral. En San Petersburgo, el SPIEF (conocido también como Davos ruso) consolida la narrativa de un mundo multipolar, con la participación de 19.000 delegados de 136 países.

Además, Estados Unidos elimina sus contribuciones regulares a Naciones Unidas y a programas globales, debilitando aún más las estructuras internacionales tradicionales.

En Oriente Medio, el conflicto iniciado con el ataque a Israel en octubre de 2023 se intensifica. Los continuos ataques israelíes en la región, dirigidos a desmantelar a las guerrillas y a enfrentar a Irán, provocan la intervención de Estados Unidos y una peligrosa reconfiguración del poder regional. Al mismo tiempo, crece el clamor internacional por la devastación en Gaza, que contrasta con la frívola propuesta de crear un resort turístico en la zona, evidenciando las tensiones y contradicciones del escenario global.

La ruptura del orden multilateral, que ya se hizo evidente en junio, se profundiza en julio con la proliferación de foros y alianzas al margen de los organismos internacionales tradicionales. Uno de ellos —la cumbre de los BRICS celebrada en Río de Janeiro— escenifica la búsqueda de alternativas por parte de las potencias intermedias, aunque también deja ver fracturas internas: ausencias relevantes, agendas divergentes y una cohesión aún por definir. Lo que sí reflejan estos encuentros es el avance de un nuevo tablero global, fragmentado, en el que las conversaciones y alineamientos ya no se producen en torno a un sistema común, sino en torno a intereses coyunturales, al margen del sistema.

En ese contexto, la guerra de Ucrania, que ya ha cumplido tres años, emerge con fuerza como ejemplo de este desorden estratégico. Una de las primeras acciones de Trump al asumir la presidencia fue desconcertar al bloque occidental iniciando conversaciones de paz directamente con Rusia, sin contar con las partes implicadas —Ucrania y Europa—, y humillando públicamente a Zelenski en la Casa Blanca. Anunció entonces un recorte del apoyo armamentístico estadounidense y trasladó a Europa toda la responsabilidad. Pero, en julio, el presidente da un nuevo giro: tras dejar en evidencia su simpatía inicial por Putin, le acusa ahora de ser un socio poco fiable y amenaza con nuevas sanciones, al tiempo que anuncia el envío de armamento de alta potencia a Ucrania, bajo la condición explícita de que lo pague Europa. Este cambio de postura, lejos de representar una estrategia articulada, es otra muestra de un estilo de gobierno basado en la volatilidad, la lógica transaccional y el uso personalista de la política exterior.

No es el único vínculo roto. Elon Musk, que había sido una de las figuras clave en el diseño inicial del «ajuste de la administración», se convierte en un enemigo público de Trump y critica abiertamente la ley estrella del presidente, la One Big Beautiful Bill Act, que firma el simbólico 4 de julio. Es un paquete legislativo que aglutina en una sola norma recortes fiscales para los sectores más ricos, desmantelamiento de apoyos sociales y ambientales, y la reversión de buena parte de las políticas económicas del período anterior. El nombre de la ley ya refleja el tono de esta etapa: un liderazgo personalizado, hipermediatizado, poco institucional, que concentra poder en la figura del presidente y deja escaso margen a los contrapesos democráticos.

Mientras tanto, la ofensiva comercial iniciada en abril continúa. Antes de que venciera la moratoria para negociar, Trump elevó las amenazas arancelarias, especialmente hacia Europa. Que finalmente se alcancen acuerdos rebajando el golpe amagado no debería considerarse una buena noticia: refleja que estamos en un nuevo escenario, de suspense y de pérdida de confianza.

LA ACELERACIÓN DE UNA RUPTURA

Análisis emergente: Trump como principal disruptor global

Apenas medio año después de su investidura, el juicio mediático comienza a consolidarse: la presidencia de Trump se ha convertido en el principal vector de disrupción y desestabilización del sistema internacional. Ya no se trata de una ruptura ideológica o partidista, sino de un estilo de gobierno deliberadamente caótico, basado en la imprevisibilidad como táctica y la confrontación como norma. Lo que antes parecían movimientos pendulares se interpreta ya como un patrón: sustituir el orden por la fuerza, las reglas por la voluntad personal, los consensos por las amenazas.

Los principales medios tradicionales en EE. UU. y Europa lo describen como un giro sistémico. Editoriales de cabeceras históricas —*The New York Times*, *Le Monde*, *Der Spiegel*— advierten de que no se trata de excentricidades aisladas, sino de una estrategia de poder que desmantela el papel de EE. UU. como garante del sistema multilateral. En lugar de liderar desde la estabilidad, Trump convierte la presidencia en un mecanismo de presión continua sobre aliados y rivales por igual.

La One Big Beautiful Bill Act, presentada como emblema de esta nueva etapa, ilustra con claridad ese desplazamiento: no es solo una ley económica, sino una declaración simbólica de ruptura institucional. Del mismo modo, su política exterior no responde a un marco de prioridades nacional, sino a relaciones personales, impulsos inmediatos y cambios de posición que desorientan incluso a sus socios más cercanos. La geoeconomía y la seguridad internacional han quedado subordinadas al humor del líder.

En este contexto, Europa aparece atrapada entre la presión de este nuevo orden disruptivo y su propia indecisión estratégica. Mientras algunos actores plantean alternativas más autónomas, otros continúan esperando un reequilibrio que no llega. Y en ese vacío, la figura de Trump se consolida no como una anomalía puntual, sino como un catalizador global de transformación acelerada.

Brechas de complejidad: distintas conversaciones, distintos mundos

Si algo empieza a hacerse evidente al cruzar los primeros seis meses del año, es la creciente disonancia entre los distintos niveles de conversación. Una cosa es el análisis de los medios especializados, y otra muy distinta lo que moviliza a los ciudadanos en redes sociales y foros digitales. Las preocupaciones que dominan las portadas de los periódicos o los editoriales internacionales parecen operar en paralelo, sin conexión directa con las emociones y temas que protagonizan los espacios de conversación ciudadana.

Mientras los medios tradicionales analizan el giro geopolítico, la ruptura multilateral o los riesgos sistémicos, lo que se observa en las redes es otra agenda: más personal, más emocional, más fragmentada. La gente no está debatiendo el futuro del orden global, sino cómo afectarán estas disrupciones a su vida cotidiana: el coste de la energía, la inflación, la salud mental, la precariedad o la ansiedad digital. Las grandes transformaciones se procesan desde la experiencia inmediata, no desde el mapa estratégico.

Esta diferencia de enfoque no es menor. Refleja una distancia creciente entre el ritmo de los cambios globales y la manera en que estos son vividos, nombrados y discutidos por la sociedad. Y, sobre todo, muestra que las herramientas de análisis tradicionales ya no alcanzan para captar el pulso real de la población.

Lo que se manifiesta aquí es una brecha de complejidad: entre quienes toman decisiones en un mundo interdependiente, mediado por algoritmos, reglas opacas y relaciones de poder inestables, y quienes intentan entender ese mismo mundo desde fragmentos de información dispersa, redes sociales saturadas y referentes en crisis. Las élites informativas hablan de estrategias; las personas buscan certezas. Y, entre ambos lenguajes, se cuela el desconcierto.

Entender estas brechas no es un ejercicio de crítica cultural. Es una exigencia estratégica. Porque no habrá política eficaz si no se tiene en cuenta esta fractura en la percepción. Y no habrá democracia sólida si las decisiones se toman en un plano y las emociones colectivas se agitan en otro.

La distancia entre los marcos de decisión y las conversaciones sociales no solo desinforma: puede desestabilizar. Por eso, anticipar implica también escuchar, no solo lo que se publica en los grandes medios, sino lo que se murmura, se comparte, se teme y se transforma en esos otros territorios donde hoy se está jugando, también, el futuro.

Este vértigo que hemos ido recorriendo mes a mes no es solo una sucesión de hechos disruptivos. Es, sobre todo, una señal. Algo se está desajustando, no solo en las instituciones o en las agendas internacionales, sino en el modo en que entendemos el presente. La creciente desconexión entre decisiones y conversaciones, entre élites y ciudadanos, entre medios y redes, no es anecdótica: es estructural. Y eso nos obliga a dar un paso atrás, a tomar distancia, para ver el dibujo completo. Porque lo que está en juego no es solo lo que pasa, sino cómo todo cambia a la vez. Y, para eso, necesitamos otra mirada.

Capítulo 5
Cambio sistémico

Lo que ocurre en 2025 no es una crisis sectorial ni una disfunción puntual: es un cambio de sistema. Pero aún no tenemos un nombre claro para el sistema que viene. El viejo modelo ya no encaja —ni en lo productivo, ni en lo social, ni en lo institucional—, pero el nuevo todavía no ha tomado forma. Vivimos en ese vacío incómodo entre lo que fue y lo que aún no es.

Hay momentos en la historia en los que una transformación se impone con claridad. Un nuevo invento, una revolución política, un cambio en las reglas del juego. Pero hay otros momentos —más desconcertantes— en los que no cambia una cosa, sino muchas a la vez. Y eso es lo que estamos viviendo ahora.

Durante décadas, los marcos que sostenían nuestro orden permitían cierta estabilidad. Podíamos separar lo económico de lo político, lo tecnológico de lo humano, lo social de lo institucional. Hoy, esas fronteras se han vuelto difusas. Las dinámicas geopolíticas ya no pueden entenderse sin los flujos tecnológicos. El envejecimiento demográfico condiciona los modelos económicos. La digitalización altera la forma de trabajar, pero también la manera de relacionarnos y de ejercer el poder. El cambio climático ya no es una amenaza futura, sino una fuerza presente que reconfigura decisiones políticas, mercados, hábitos y miedos. Todo se cruza con todo.

Este es el signo del cambio sistémico. No estamos ante una suma de problemas, sino ante una reconfiguración simultánea de múltiples dimensiones de nuestra vida colectiva.

El reto no es analizar estas piezas por separado; el reto es ver cómo se afectan entre sí. Cómo un cambio en una dimensión desata efectos en otras. La mirada sistémica no busca compartimentos estancos, busca conexiones. Y ese es, quizá, el gran déficit de nuestras instituciones, de nuestros marcos de pensamiento y también de nuestra educación: siguen organizando el mundo como si todo pudiera entenderse por separado.

Vivimos en transición. En un puente sin final construido. Un presente que se estira entre dos modelos: un modelo que se agota y otro que aún no ha encontrado su forma. En el pasado, cuando el sistema funcionaba, podíamos permitirnos mirar solo las piezas. Las instituciones operaban, los acuerdos internacionales se mantenían, el progreso económico fluía. Bastaba con entender partes del sistema, porque el conjunto, aunque imperfecto, parecía sostenerse. Lo dimos todo por sentado sin entender ni saber siquiera que existía.

Pero hoy ese andamiaje ya no basta. La fragmentación ya no es solo un modo de análisis: es un síntoma del colapso de la mirada. Nos hemos acostumbrado a explicar problemas por separado —la inflación, la inmigración, el cambio climático, el desempleo, la polarización—, pero ya no podemos seguir así. Todo está conectado. Y sin una mirada del conjunto, nos perdemos.

Y cuando nos perdemos, buscamos refugios rápidos. Ahí aparece el riesgo. La complejidad genera vértigo, y el vértigo alimenta el autoritarismo. El populismo, los totalitarismos modernos, los líderes mesiánicos que prometen certezas instantáneas en medio del caos… Es una tentación peligrosa, que se expande como un virus cuando la democracia deja de ofrecer sentido.

Lo estamos viendo. En 2024, más de la mitad del planeta votó. Y en muchos de esos procesos, la deriva iliberal avanzó, no ya como ideología, sino como estrategia de poder: simplificar el relato, señalar enemigos, suprimir la duda, prometer protección a cambio de obediencia.

Esta es, quizá, la batalla más importante de nuestro tiempo. No entre izquierdas y derechas, no entre nacionalismos ni ideologías clásicas, sino entre quienes apuestan por reconstruir una gobernanza democrática y compleja, y quienes se alimentan del desconcierto para imponer una falsa estabilidad.

Lo complejo no es lo contrario de lo claro; es lo contrario de lo simplista. Y este libro es también una apuesta por esa inteligencia compartida que no pretende tener todas las respuestas, pero sí la honestidad y la valentía de hacer mejores preguntas, juntos.

LO QUE NO SUPIMOS VER Y DEBEMOS APRENDER

En los primeros veinticinco años del siglo XXI hemos vivido transformaciones profundas. Algunas no las vimos venir. Otras las intuimos, pero no supimos darles el peso que merecían. Sin embargo, ahora que el sistema se tambalea, esas disrupciones se nos revelan como claves de lectura para entender dónde estamos.

Sabíamos que el mundo era finito, pero no lo habíamos sentido en la piel como ahora. El cambio climático dejó de ser una amenaza abstracta para convertirse en una presencia cotidiana. Muchos aún lo siguen negando.

Sabíamos que la tecnología avanzaba, pero no imaginábamos que lo haría tan rápido, ni que la inteligencia artificial transformaría nuestras relaciones, el trabajo y hasta nuestra forma de pensarla. Muchos creen que aún es posible pararla.

Sabíamos que la democracia necesitaba cuidado, pero no supimos ver cuán frágil podía volverse frente a la desafección. Muchos siguen creyendo que es irrelevante.

De aquí en adelante, os propongo entender mejor las grandes transformaciones que han moldeado este siglo: la disrupción geopolítica, la revolución tecnológica, los límites de la sostenibilidad y la mutación de nuestras formas de liderazgo. Pero no lo haremos como un repaso académico, sino como una preparación. Porque solo entendiendo bien de dónde venimos podremos visualizar con sentido hacia dónde vamos.

Lo que vendrá después —las señales emergentes, los escenarios futuros, las nuevas formas de gobernanza y de relación— no puede surgir del vacío. Nacen de esta grieta, de esta conciencia incómoda pero fértil. Y de este momento único en que miramos el presente no con resignación, sino con la voluntad lúcida de transformar.

Campamento II:
Donde el hilo también cansa

Esta noche estoy a solas con el fuego y con las preguntas que se han ido acumulando durante estos primeros meses de 2025. El mundo parece haberse acelerado de una forma que me cuesta procesar, incluso a mí, que llevo años observando señales de cambio.

Me siento junto a las brasas y siento, por primera vez en mucho tiempo, algo parecido al agotamiento. No es cansancio físico: es el peso de sostener tantas disrupciones simultáneas sin perder la perspectiva. Cada mes ha traído crisis que antes hubiéramos gestionado por separado, con tiempo, con pausa. Ahora llegan en cascada.

Alimento el fuego con ramas secas cuando escucho pasos en la oscuridad. Una figura se acerca al círculo de luz.

—¿Puedo sentarme? —pregunta una voz joven, clara.

Es una mujer de unos treinta años, con esa mezcla de seguridad y desconcierto que reconozco en su generación. Se acomoda cerca del fuego y me mira.

—He estado escuchando lo que dices sobre la aceleración. En mi trabajo, en tecnología, vivimos esto cada día. Pero estos meses han sido diferentes. Es como si todas las disrupciones que esperábamos para los próximos cinco años hubieran decidido llegar a la vez.

Asiento mientras la escucho. Su presencia no me sorprende: en tiempos de vértigo, la gente busca espacios donde procesar lo que vive.

—Para mi generación, el cambio siempre ha sido constante. Pero esto… —hace una pausa, buscando las palabras— es como si hubiera cambiado la velocidad del cambio mismo.

—¿Y cómo lo vives? —le pregunto.

—Con una mezcla rara de fascinación y agotamiento. Por un lado, siento que estoy viviendo la historia en tiempo real. Por otro, a veces tengo la sensación de que vamos en un coche sin frenos.

Se queda callada un momento, mirando las llamas.

—Lo que más me desconcierta es la disonancia. Los medios hablan de geopolítica y rupturas institucionales. Las redes se llenan de teorías conspirativas y memes sobre el apocalipsis. Mi jefe habla de oportunidades de mercado. Mis padres se preguntan cuándo volverá la normalidad. Y yo no sé a cuál de esas conversaciones hacer caso.

Sus palabras resuenan en el aire nocturno. Esa disonancia que describe es exactamente lo que vengo observando: mundos paralelos de interpretación que no se cruzan.

—Es como si viviéramos en burbujas informativas completamente diferentes —continúa—. Lo que para unos es crisis existencial, para otros es oportunidad de negocio. Lo que para unos es disrupción peligrosa, para otros es evolución natural.

Me levanto y camino alrededor del fuego. Su presencia ha traído palabras a sensaciones que llevaba tiempo rumiando.

—Creo que lo que describes es una de las señales más importantes de este momento —le digo   . No solo está cambiando el mundo, está cambiando la forma en que procesamos el cambio. Y esa fragmentación en la percepción puede ser tan disruptiva como los propios eventos.

Ella asiente.

—Exacto. Y entonces te preguntas: ¿cómo tomas decisiones cuando no hay consenso sobre qué está pasando? ¿Cómo planificas cuando cada fuente de información te cuenta una historia diferente?

Nos quedamos en silencio durante unos minutos. El fuego crepita entre nosotras como un punto de encuentro en medio de la incertidumbre.

—¿Sabes qué creo que necesitamos? —le digo finalmente—. Entender mejor cómo llegamos hasta aquí. Porque esta aceleración, esta disonancia, no surgió de la nada. Son el resultado de transformaciones que vienen gestándose desde hace tiempo.

—¿Te refieres a mirar hacia atrás?

—Sí, pero no por nostalgia. Por estrategia. Para rastrear las fuerzas que nos trajeron a este presente que nos desborda. Para entender qué cambios subestimamos, qué señales no supimos leer.

Se anima visiblemente.

—Eso me interesa. Porque tengo la sensación de que las cosas que nos parecían sólidas eran más frágiles de lo que pensábamos. Y las que creíamos marginales eran más importantes de lo que veíamos.

Alimento el fuego con otra rama.

—Mañana empezaremos esa exploración. Una arqueología del presente para entender las capas de cambio que nos trajeron hasta aquí. No será fácil, porque requiere cuestionar cosas que dábamos por ciertas.

—Pero es necesario —dice ella—. Porque si no entendemos cómo llegamos aquí, ¿cómo vamos a navegar lo que viene?

El fuego se va consumiendo lentamente. Ella se levanta para irse.

—Gracias por dejarme compartir el fuego. A veces necesitas hablar con alguien que también esté intentando entender, no solo reaccionar.

Cuando se aleja, me quedo con la sensación de que algo ha cambiado. Ya no estoy sola en este viaje. Hay otras personas buscando sentido en medio del vértigo. Y eso, de alguna manera, me da esperanza.

Me preparo para descansar. Mañana será otro día de camino, pero ya no será solo mío. Se han sumado voces que también sienten la urgencia de comprender. Y quizá esa sea una de las señales más valiosas de estos tiempos: en medio de la fragmentación, hay personas dispuestas a buscar juntas.

A veces, sostener el hilo también cansa. Pero cuando lo sostienes acompañado, el peso se reparte.

ETAPA III:
Las transformaciones del siglo xxi

Esta parte del viaje nos invita a mirar con mayor perspectiva. Ya hemos sentido la grieta (Etapa II), ya hemos parado a recuperar aliento. Ahora toca comprender, con más profundidad, qué ha cambiado realmente entre el comienzo del siglo y este 2025. Qué transformaciones no solo han modificado lo que hacemos, sino cómo pensamos, cómo habitamos el mundo, cómo nos relacionamos.

No se trata de un repaso técnico, sino de una lectura estratégica del cambio. Una guía para aprender a ver en lo vivido —a veces disperso, a veces confuso— las grandes fuerzas que han ido moldeando este tiempo.

Abriremos con un capítulo que conecta las señales ya sentidas con una mirada más estructural. Y luego bajaremos a cada uno de los grandes ejes que han definido la transformación del siglo xxi:

- Digitalización y revolución tecnológica transhumana
- Sostenibilidad medioambiental y social
- Geopolítica
- Liderazgo

Este es un tramo fundamental del viaje. Porque nos dará, por fin, lenguaje para entender el cambio. Y una base para, en la siguiente parte del libro, anticipar futuros posibles.

Capítulo 6
Lo que sí sabemos: aprendizajes

Ahora que hemos visualizado el umbral de 2025 y sentido la magnitud del cambio, es momento de coger aire, porque no todo es incertidumbre ni todo es pérdida. En estos primeros veinticinco años del siglo XXI hemos vivido transformaciones profundas: algunas no las vimos venir; otras las sentimos, pero no supimos darles el peso que merecían. Sin embargo, ahora que el sistema se tambalea, esas disrupciones se nos revelan como claves de lectura para entender dónde estamos.

Sabíamos que la tecnología avanzaba, sí, pero lo que no supimos ver fue la dimensión real de la digitalización. No era solo poder acceder a más información desde un dispositivo. Era —y es— la capacidad de desmaterializar la realidad y volverla aparentemente infinita. Esa ilusión de acceso ilimitado y conectividad permanente inauguró una nueva era, marcada por una revolución tecnológica que ha transformado ya nuestras relaciones, nuestras formas de producir, de trabajar, de pensar y hasta de vincularnos con el tiempo. Pero mientras lo vivíamos como comodidad o progreso, no percibimos del todo sus implicaciones de fondo.

Sabíamos que el mundo era finito, pero no lo habíamos sentido en la piel como ahora. El cambio climático dejó de ser una amenaza abstracta para convertirse en una presencia cotidiana. La escasez de recursos, la presión sobre los ecosistemas y los límites superados sin retorno empezaron a fracturar no solo al planeta, sino también a las estructuras sociales. Lo que antes se vivía como advertencia futura, ahora se experimenta como un desequilibrio concreto. Y la búsqueda de un modelo sostenible se convierte en supervivencia.

Sabíamos que la democracia necesitaba cuidado, pero no supimos ver cuán frágil podía volverse frente a la desafección. Lo que se quebraba no era solo una estructura institucional, sino una forma de mirar los retos y de tomar decisiones colectivas. En nombre de la eficacia, comenzaron a abrirse paso opciones que prometen resultados rápidos a costa de reducir la participación, el debate y, en el fondo, la libertad. Frente al vértigo del cambio, muchas personas —de forma comprensible— buscaron refugio en discursos simples que ofrecían control a cambio de consentimiento. Pero esa tentación encierra un riesgo profundo: delegar nuestro futuro en liderazgos que no convocan, sino que imponen. Y ahí, en esa cesión, empieza a desdibujarse el papel del individuo, no solo como votante, sino como protagonista del cambio y de su propia vida.

Quienes hemos participado en la definición y gestión de políticas públicas y de estrategias empresariales, lo sabemos bien: una política es verdaderamente eficaz cuando las personas a las que va dirigida la reconocen como propia. Cuando no se impone, sino que se construye con quienes la van a vivir. Esa es la diferencia entre un liderazgo instrumental y uno transformador. Y esa tensión está hoy más viva que nunca.

Todo esto que hemos vivido —el clima, la tecnología, la democracia— no ha ocurrido en un vacío. Ha estado enmarcado por una transformación aún más profunda y silenciosa: el cambio en el orden mundial. La disrupción geopolítica no solo ha desplazado el centro de gravedad global, también ha alterado las reglas del juego, los equilibrios, las alianzas, las formas de poder. Y eso ha tenido efectos directos sobre todo lo demás. Por eso, el siguiente paso en este viaje es mirar ese tablero en movimiento, reconocer sus tensiones y entender qué implica vivir en un mundo donde las certezas globales ya no existen.

Capítulo 7

La revolución invisible: de la digitalización a la revolución tecnológica transhumana

La transformación más relevante que ha experimentado nuestra sociedad en el siglo XXI no es únicamente tecnológica. Su esencia profunda reside en la digitalización. Esta no consiste solo en la posibilidad de acceder a una gran cantidad de información a través de dispositivos, sino que supone una transformación radical en cómo interactuamos, nos comunicamos y generamos conocimiento. Las redes sociales y la desintermediación en el acceso a la información son ejemplos claros de esta nueva realidad: no solo nos conectamos y comunicamos directamente, sino que ahora tenemos acceso directo a productos y servicios que antes exigían una compleja estructura física y organizativa. Hoy, decisiones que antes requerían intermediarios y procesos largos pueden tomarse al instante, con un simple clic en un dispositivo.

La fuerza del concepto conocido como Cuarta Revolución Industrial radica en la conexión inédita de campos que tradicionalmente estaban aislados o separados, como la ciencia de los materiales, la biología o incluso el cuerpo humano. La digitalización permite la desmaterialización de la realidad, y con ello una interacción sin precedentes entre ámbitos hasta ahora desconectados a través del tratamiento de los datos que los representan. Esta nueva capacidad de conexión genera un progreso tecnológico exponencial, cuyas posibilidades son extraordinarias y que nos conduce a un nuevo estadio caracterizado por la interacción cada vez más autónoma de las máquinas, lideradas por inteligencias artificiales capaces de razonar y evolucionar casi independientemente de la intervención humana directa.

Comprender profundamente esta transformación implica gestionar adecuadamente los riesgos inherentes sin impedir las enormes oportunidades de progreso que ofrece esta revolución tecnológica. Este equilibrio es fundamental, especialmente ante la incipiente revolución cognitiva, que ya está transformando la manera en que pensamos, aprendemos y lideramos; un aspecto clave que analizaremos más adelante al abordar específicamente el liderazgo.

La hiperconectividad generada por esta digitalización redefine profundamente nuestras formas de comunicación, relaciones y trabajo, transformando transversalmente todos los modelos de negocio, sin importar el sector o ámbito económico al que pertenezcan. Este cambio radical afecta directamente a nuestras vidas cotidianas y requiere también nuevas políticas públicas, económicas y sociales, así como estrategias institucionales que permitan gestionar eficazmente esta nueva realidad.

Este capítulo está dedicado precisamente a explorar contigo cómo la digitalización ha creado un nuevo paradigma que afecta a todos los aspectos de nuestra vida, anticipando las oportunidades y desafíos que enfrentaremos en este nuevo contexto tecnológico.

LA DESMATERIALIZACIÓN: CUANDO LOS DATOS REESCRIBEN LA REALIDAD

En un curso del MIT que hice hace unos años, uno de los profesores más inspiradores describía la digitalización como «la conversión de átomos en *bytes*». Al principio me pareció una metáfora elegante pero técnica. Con el tiempo, entendí que encierra la clave de lo que está ocurriendo: todo lo que puede ser convertido en dato puede ser procesado, compartido y operado en una nueva dimensión. La digitalización no es solo una herramienta: es una nueva capa de la realidad.

Hoy podemos transformar una casa en un conjunto de datos: su imagen, su valor, su historia, su potencial. Y trabajar sobre ella desde cualquier lugar del mundo. Hemos roto la dependencia del espacio físico. El conocimiento, el trabajo, las decisiones y las relaciones se han vuelto independientes del lugar y del cuerpo. Lo digital no solo acompaña: sustituye, reestructura y, a veces, reemplaza lo material.

Este fenómeno —que empezó con la información y se ha extendido a todos los sectores— permite que las actividades humanas se gestionen sin contacto directo, sin fricción y sin barreras físicas. Coste marginal cero. Escalabilidad infinita. La economía, la educación, la sanidad, el comercio: todo se está reescribiendo desde la lógica de los datos.

HIPERCONECTIVIDAD Y SENSORIZACIÓN: UN MUNDO QUE SE VUELVE CONSCIENTE DE SÍ MISMO

La hiperconectividad se sustenta en arquitecturas de comunicación cada vez más sofisticadas, que nos permiten conectar cualquier parte del mundo en tiempo real. Esto transforma radicalmente nuestra percepción del espacio y el tiempo: podemos estar conectados con cualquier lugar de manera instantánea, acortando distancias y acelerando el ritmo de la historia.

En este contexto, el *smartphone*, en concreto la aparición del iPhone en 2007, se ha convertido en el dispositivo más decisivo de esta revolución. En apenas unos años, pasó de ser una novedad a una extensión de nuestro propio cuerpo. No es solo una herramienta: es la puerta de entrada al nuevo entorno digital. Nos conecta, nos orienta, nos traduce, nos organiza. Y al mismo tiempo, registra cada interacción, cada desplazamiento, cada clic. Somos nodos móviles de una red inmensa que depende de nuestros datos para crecer, aprender y operar.

Esta hiperconectividad nos ha dado acceso a posibilidades antes inimaginables: acceso instantáneo a información, a mercados, a relaciones, a decisiones. Pero también ha hecho de nosotros fuentes permanentes de información, participantes activos de un ecosistema en el que todo está interconectado.

A partir de esa desmaterialización de lo físico, emerge una red invisible que conecta todo: personas, objetos, espacios, procesos. El Internet de las Cosas, las comunicaciones inalámbricas y los sensores inteligentes transforman el mundo físico en un entorno interactivo, adaptable y medible en tiempo real.

Las viviendas aprenden. Las ciudades escuchan. Los cuerpos dialogan con dispositivos. Se genera así un tejido de datos que envuelve lo real, lo anticipa, lo optimiza. Esta hiperconectividad no es solo una ampliación de la comunicación: es un cambio de naturaleza. Nos movemos en un ecosistema de relaciones aumentadas, donde lo visible convive con capas de información que reconfiguran nuestra experiencia del mundo.

La sensorización masiva hace que el entorno responda, se ajuste, registre y actúe. Y plantea preguntas nuevas: ¿quién interpreta esos datos?, ¿quién decide qué se mide y para qué?, ¿qué nuevas asimetrías de poder emergen de esa inteligencia distribuida?

LAS NUEVAS FORMAS DE ORGANIZACIÓN Y PERCEPCIÓN

La transformación digital ha abierto un abanico de posibilidades que están cambiando radicalmente la manera en que nos organizamos y percibimos el mundo. Las estructuras tradicionales están dando paso a plataformas, donde la estructura jerárquica se reemplaza por redes dinámicas y flexibles. En el MIT, destacaban tres claves fundamentales de esta nueva era:

Primero, la forma de organización ha cambiado: ya no hablamos de organizaciones tradicionales, sino de plataformas. Estas plataformas no solo facilitan la conexión entre personas, sino que también intermedian y reintermedian toda la actividad, gestionando datos y transformando sectores enteros.

Segundo, la revolución actual no se limita a tareas mecánicas; por primera vez, las máquinas están incursionando en el ámbito de las tareas intelectuales. Esto replantea el papel de la mente humana: ¿qué tareas realizamos nosotros y cuáles las máquinas? Esta convivencia redefine nuestras habilidades y la manera en que colaboramos con la tecnología.

Tercero, la multitud o *crowd* cobra un protagonismo inédito. Ahora tenemos acceso a la experiencia y al conocimiento colectivo de una multitud global, lo que transforma radicalmente las organizaciones. La inteligencia colectiva se convierte en un recurso clave, permitiendo soluciones más innovadoras y eficientes.

Los emprendedores de Silicon Valley comprendieron desde el inicio que estas plataformas, al registrar y gestionar enormes cantidades de datos, generan un efecto de red: cuantos más usuarios y datos, mayor es el valor y el atractivo de la plataforma. Esto crea barreras de entrada muy altas y, en muchos casos, monopolios *de facto* con un poder de negociación sin precedentes. Al intentar regular estas dinámicas, nos encontramos con estructuras ya consolidadas que han transformado todos los sectores y mercados.

En definitiva, esta revolución digital no solo cambia nuestras herramientas, sino que reconfigura completamente nuestras formas de organización, percepción y acción en el mundo.

Pero ojo, porque también cambia la manera en que pensamos, en la medida en que transforma nuestras fuentes de información y los procesos con los que formamos opinión y criterio. Esta modificación silenciosa de la atención y del marco de referencia nos vuelve más vulnerables a quienes sí tienen la capacidad de intervenir, manipular o dirigir estos flujos de datos. La revolución digital, además de reconfigurar sectores económicos, ha generado nuevas formas de ciberdelincuencia, manipulación social y política, y asimetrías de poder profundas en torno a la ciberseguridad. La capacidad de interferir en procesos democráticos, de moldear el comportamiento de consumo o incluso de afectar la salud mental a través de sistemas de recomendación convierte esta dimensión en un terreno clave del debate democrático del siglo XXI.

LA DIGITALIZACIÓN HABILITA UNA REVOLUCIÓN TECNOLÓGICA EXPONENCIAL: NUEVOS VIENTOS, NUEVOS MAPAS

La digitalización no solo transforma cómo trabajamos o nos relacionamos; se ha convertido en la infraestructura invisible que hace posible una revolución tecnológica sin precedentes. Sobre esa base de datos, conectividad y capacidad de cómputo, están emergiendo nuevas tecnologías que reconfiguran nuestras capacidades como sociedad, como instituciones y como especie.

En apenas una década, hemos pasado de sistemas de inteligencia artificial limitados a modelos generativos que son capaces de producir texto, imágenes, código o música de manera autónoma, aprendiendo patrones y ampliando el alcance de lo humano. Estas herramientas ya no solo nos asisten: comienzan a colaborar, anticipar y crear.

Los gemelos digitales replican procesos físicos complejos —desde órganos humanos hasta redes eléctricas— permitiendo simulaciones en tiempo real que sustituyen la experimentación directa. Esto acelera el desarrollo científico, pero también cambia los tiempos de decisión y reduce las barreras técnicas.

La biotecnología ha sido acelerada por esta infraestructura digital: podemos diseñar organismos, editar genes, anticipar reacciones moleculares. La biología se convierte en un sistema de datos sobre el que operar. Y esto redefine fronteras éticas, económicas y geopolíticas.

La computación cuántica, aunque aún incipiente, promete resolver problemas imposibles de abordar con los ordenadores tradicionales. Cuestiones como la predicción climática, la seguridad de sistemas o la optimización logística se replantearán desde una nueva escala.

La robótica se hace ubicua, integrada en nuestras rutinas cotidianas: desde logística hasta cuidados personales. Y las realidades extendidas (virtual, aumentada, mixta) nos permiten interactuar con entornos híbridos, que reconfiguran la educación, el trabajo y el ocio.

Todo este despliegue tecnológico se articula sobre una base común: la capacidad de simular. Como decían en el MIT, la ciencia ya no se basa solo en la observación y la prueba, sino en la modelización computacional. Podemos predecir el comportamiento de un fármaco, de un motor o de una política pública sin necesidad de implementarla físicamente. Es el nacimiento de una ciencia computacional.

Y aquí aparece una nueva brecha: no entre quienes tienen más recursos físicos, sino entre quienes controlan la capacidad de modelar el mundo. Los países, empresas o instituciones que dominan el acceso a datos, a infraestructura de cómputo y a talento especializado están en condiciones de anticipar, diseñar e intervenir. Lo que cambia no son solo las herramientas, sino las coordenadas de poder.

En este nuevo mapa, las preguntas ya no son solo qué podemos hacer con la tecnología, sino quién decide qué se hace, con qué datos, con qué propósitos. Es el inicio de un nuevo tablero donde la soberanía se juega también en los algoritmos, en los servidores y en los chips.

EL PROPÓSITO COMO BRÚJULA

Si no definimos un propósito, será la propia dinámica tecnológica —sus incentivos, su lógica de maximización, sus propietarios— la que nos defina a nosotros, como humanos. No basta con regular *a posteriori* lo que no se comprende. No basta con adaptar normas obsoletas a realidades que ya han mutado.

Necesitamos anticipar. No para predecir, sino para orientar. Para decidir con conciencia hacia dónde queremos dirigir este potencial. La tecnología puede habilitar un futuro más justo, más inteligente, más conectado. Pero también puede consolidar desigualdades, automatizar exclusiones o erosionar democracias desde la opacidad algorítmica.

Liderar esta transformación no es dominarla. Es guiarla con sentido. Es atrevernos a ponerle intención antes de que sea demasiado tarde para corregir su dirección. Porque el progreso sin brújula no es avance: es deriva.

Capítulo 8
Sostenibilidad

Somos humanos, sí, pero también terrícolas. Y, por ahora, esta es la única Tierra que tenemos.

Aclaro desde el principio que, para mí, hablar de sostenibilidad no va de etiquetas (verde, ecológico, progre, *woke*, ESG, RSC...), va de supervivencia, va de propósito.

Tenemos que hablar de sostenibilidad porque el modelo de organización que hemos seguido durante más de dos siglos se ha vuelto insostenible. Genera más problemas que beneficios, agudiza las brechas y alimenta una mentalidad de suma cero que convierte la supervivencia en un juego donde unos ganan y otros pierden, y esa dinámica acelera la destrucción de todos.

El «sistema» en su versión actual —esa combinación de capitalismo individualista y democracia menguante y cortoplacista— no funciona bien. La política y las estrategias empresariales no están dando respuestas satisfactorias. Los datos lo dicen y las personas lo percibimos y sufrimos, ciertamente, en distintos grados.

Me formé como economista el siglo pasado y formé parte de un modelo, definiendo políticas y estrategias que luego ayudé a ejecutar, que ahora cuestiono profundamente. Espero ser la excepción a la regla del converso y no volverme fundamentalista, porque es una conversión de evidencias y experiencia. Cuando eres consciente del daño que generas (tus actos y tus viejas convicciones), te vuelves responsable y tienes la obligación de cambiar.

Ahora bien, cambiar un sistema interconectado es complejo y requiere convicción, así como la capacidad de convencer liderando el proceso, no de imponer. En 2015 creímos haberlo conseguido con la Agenda 2030, los Objetivos de Desarrollo Sostenible (ODS) y los ambiciosos compromisos de la Cumbre de París. Sin embargo, la urgencia real se ve comprometida por una polarización ideológica que puede llevarnos a perder ventanas de oportunidad críticas, quizá irreversibles.

Voy a intentar ofrecer algunas claves para entender la trascendencia de este empeño sostenible, que, como he dicho, no es la agenda de cumbres de élites, de políticos que buscan la foto ni de negocios que quieren aparecer en los *rankings*. Es la condición estructural para que todo lo demás tenga sentido en el tiempo.

Varias piezas de este puzle:
- El contrato social roto y la mentalidad de suma cero que fractura la convivencia
- Los límites planetarios y sociales como frontera real del modelo actual
- La agenda global como intento de navegación compartida
- La disputa geopolítica en torno a modelos de transición
- La dificultad de ejecución política y los dilemas reales de transformación
- El nuevo capitalismo responsable que incorpora propósito y brújula estratégica
- La tecnología y la digitalización como aceleradores de la transición económica
- La necesidad de articular lo global con lo local para que la sostenibilidad sea vivida y no solo declarada.

EL COLAPSO DEL CONTRATO SOCIAL DEL SIGLO XX

El modelo que construimos desde Occidente después de la Segunda Guerra Mundial se basaba en un reparto claro de responsabilidades: el Estado regulaba (siguiendo el modelo de reglas de los organismos multilaterales que articulaban el nuevo orden mundial) y redistribuía lo que generaba la sociedad; las empresas maximizaban la eficiencia y el beneficio, los ciudadanos consumían y votaban. Cada actor en su carril, con responsabilidades delimitadas.

Ese modelo funcionó durante décadas y se extendió por el planeta gracias a la globalización, porque teníamos espacio para crecer: recursos abundantes, mercados en expansión, tecnologías que multiplicaban la productividad, sociedades que confiaban en el progreso. Pero ahora sabemos que ese crecimiento tenía «externalidades» o efectos colaterales que no estábamos considerando como parte de la ecuación: el deterioro ambiental, el agotamiento de recursos, el aumento de las desigualdades y la pérdida de cohesión social.

El contrato social se ha roto porque ya no puede cumplir sus promesas básicas. No puede garantizar que el crecimiento económico se traduzca en bienestar para la mayoría. No puede asegurar que las próximas generaciones vivan mejor que las actuales. No puede mantener la estabilidad cuando los recursos se vuelven escasos y los costes ambientales se acumulan.

Y cuando un sistema no puede cumplir sus promesas, la insatisfacción alimenta la mentalidad de suma cero: si la tarta no puede crecer indefinidamente para todos, mi única opción es asegurarme de que mi porción sea lo más grande posible, aunque eso signifique que otros se queden sin nada, incluidas las siguientes generaciones, que, dada la aceleración del deterioro, ya están aquí.

Esta mentalidad de suma cero exacerba los enfrentamientos actuales, el auge de los populismos, las guerras comerciales, las tensiones geopolíticas... Todo responde a la misma lógica —«nosotros primero»— en un mundo que se percibe como un juego de supervivencia. Pero esa percepción es tanto una descripción de la realidad como una profecía autocumplida. Cuanto más actuamos desde la suma cero, más convertimos el mundo en un lugar donde, efectivamente, unos ganan y otros pierden.

La búsqueda de sostenibilidad parte de la tesis contraria: solo nos irá bien si a nuestro entorno le va bien. No es altruismo. Es inteligencia estratégica pura. Porque, en un mundo interconectado, los problemas de los demás acaban siendo nuestros problemas, y las soluciones compartidas son más eficientes que las soluciones defensivas.

Esta no es una declaración ideológica; es una constatación práctica. Si el clima se desestabiliza, nadie se salva con muros más altos. Si las sociedades se fracturan, las personas individuales tienen más dificultad para avanzar. Con ese panorama, ninguna empresa tiene mercado.

EL ESPACIO SEGURO: MÁS ALLÁ DEL VERDE

Para entender realmente de qué hablamos cuando decimos sostenibilidad, me resulta útil el modelo del «rosco» que desarrolló Kate Raworth, complementando el análisis de los límites planetarios que están centrados en el planeta.

Imagínate un dónut: el anillo exterior representa los límites planetarios o espacio operativo seguro para la humanidad. El anillo interior representa los fundamentos sociales. Entre ambos anillos existe un espacio seguro y justo para la humanidad. Ese es nuestro objetivo: mantenernos dentro del rosco, sin perdernos en el espacio estelar ni caer en el agujero del colapso social. No sobrepasar los límites planetarios, pero tampoco permitir que caigamos crecientemente por debajo del suelo social mínimo.

Esto es fundamental porque nos ayuda a entender que la sostenibilidad no va de verde contra rojo, de ecologistas contra desarrollistas, de naturaleza contra progreso. Va de encontrar el espacio donde podemos prosperar sin destruir las condiciones que hacen posible esa prosperidad.

Empecemos por lo fundamental: los datos. Porque la sostenibilidad no es una opinión, es una restricción física que opera independientemente de nuestras preferencias políticas o culturales.

El concepto de límites planetarios, desarrollado por Johan Rockström y su equipo en el Stockholm Resilience Centre, nos ofrece un marco científico preciso para entender en qué punto estamos. No es una proyección futurista: es una radiografía del presente. De los nueve límites identificados, ya hemos transgredido al menos seis:

1. Cambio climático
2. Integridad de la biosfera (pérdida de biodiversidad)
3. Cambios en el uso del suelo
4. Alteración de los flujos biogeoquímicos del nitrógeno y del fósforo
5. Alteración del ciclo del agua dulce
6. Acidificación de los océanos
7. Agotamiento de la capa de ozono estratosférico,
8. Contaminación por nuevas entidades (sustancias químicas o compuestos creados por el ser humano, como los plásticos)
9. Carga de aerosoles en la atmósfera.

Si se superan, se producirán daños irreversibles en la Tierra, aumentando gravemente el riesgo de colapsos ecológicos y crisis socioeconómicas. Esto no es catastrofismo; es aritmética planetaria. Estamos consumiendo al año el doble de lo que la Tierra puede regenerar, que es muchísimo. Es un indicador muy gráfico de la sobreexplotación. El reparto es muy desigual (Qatar ya ha consumido todos los recursos disponibles en febrero, mientras que Uruguay casi consigue acabar el año con lo que tiene). No es una metáfora: es un cálculo basado en la capacidad real de los ecosistemas para absorber nuestro impacto y generar recursos.

Las evidencias científicas son concluyentes, por más que se quiera matar al mensajero. Los datos sobre límites planetarios, cambio climático, pérdida de biodiversidad, agotamiento de recursos..., todo apunta en la misma dirección: el modelo actual es insostenible.

La pregunta no es si esto es grave —lo es—, sino si somos capaces de actuar en consecuencia sin caer en el pánico paralizante o en la negación reactiva.

Pero, como decia al principio, los límites planetarios son solo la mitad de la ecuación. Kate Raworth, en su modelo, nos ayuda a visualizar la otra dimensión crítica: el suelo social. No son proclamas ideológicas: son las condiciones mínimas para que una sociedad sea estable y próspera.

Doce fundamentos sociales:

1. Alimentación
2. Agua potable
3. Salud
4. Educación
5. Vivienda
6. Energía
7. Renta y trabajo digno
8. Equidad social
9. Igualdad de género
10. Redes (acceso a información y conectividad)
11. Participación política
12. Paz y justicia.

Pero la conciencia del problema no genera automáticamente la solución. Entre la conciencia y la acción hay un espacio complejo donde se juegan las decisiones reales.

¿Cómo cambias un sistema del que formas parte? ¿Cómo transformas estructuras de las que dependes? ¿Cómo convences a otros de que cambien cuando tú mismo estás en proceso de cambio? ¿Cómo garantizamos acceso universal a la energía sin colapsar el clima? ¿Cómo elevamos el nivel de vida de las clases medias emergentes de Asia y África sin sobrepasar los límites del planeta? ¿Es sostenible la humanidad en su forma actual de habitar, organizarse y relacionarse?

Estas no son preguntas retóricas. Son los dilemas reales que enfrentan quienes toman decisiones. Son nuestros dilemas. Y requieren respuestas sofisticadas, no eslóganes simplistas.

LA AGENDA GLOBAL: ENTRE LA UTOPÍA Y LA NAVEGACIÓN

A pesar de todas las limitaciones y retrocesos, algo fundamental cambió con el Acuerdo de París de 2015 y los Objetivos de Desarrollo Sostenible. Por primera vez en la historia, la humanidad reconoció explícitamente su extrema vulnerabilidad como especie y se comprometió a actuar en consecuencia.

No es casualidad que estos acuerdos hayan llegado cuando el conocimiento científico sobre los límites planetarios se volvió incontrovertible. Las evidencias llevaron al consenso, y el consenso legitimó la acción. No es un consenso perfecto, ni suficientemente rápido, ni libre de contradicciones. Pero marca un hito civilizatorio: la humanidad admitiendo que su modelo de desarrollo no es viable.

Los ODS, más allá de sus limitaciones operativas, funcionan como la agenda de la humanidad. No como metas cuantificables de corto plazo, sino como un mapa compartido de lo deseable: acabar con la pobreza y el hambre, garantizar salud y educación, proteger los océanos y la biodiversidad, construir sociedades justas y pacíficas.

Su valor real no está en su cumplimiento literal —que va muy por detrás de lo previsto—, sino en funcionar como referencia común que permite a diferentes actores orientar sus contribuciones específicas. Permiten a una multinacional, una ONG, un gobierno local y una *startup* encontrar espacios de colaboración alrededor de objetivos concretos.

La Agenda global representó un momento de ambición compartida, un consenso sobre la necesidad de colocar a la humanidad y al planeta en el centro de un nuevo modelo sostenible. Sin embargo, la euforia inicial pronto se topó con la complejidad de la realidad geopolítica: el desmarque de Estados Unidos bajo la administración de Trump, primero en 2016 y luego en 2025, puso de manifiesto las brechas que dificultan la coordinación global. Pero, lejos de rendirnos ante esas dificultades, este es el momento de definir una pasarela que nos permita reformar el sistema actual sin caer en el vacío, construyendo un marco sostenible que oriente nuestras acciones y mantenga vivo nuestro propósito compartido: avanzar hacia un futuro en el que la humanidad cuide del planeta y de sí misma.

La geopolítica de la sostenibilidad: cuando los modelos compiten

La sostenibilidad tampoco ocurre en un vacío geopolítico. Diferentes regiones están apostando por modelos distintos, y esa competencia puede tanto acelerar como sabotear la transición global.

Europa ha elegido la vía regulatoria y fiscal, con el Pacto Verde, la taxonomía europea y el mecanismo de ajuste en frontera por carbono. Es un modelo que funciona en sociedades ricas y cohesionadas, pero que puede generar tensiones comerciales y excluir a economías emergentes.

Estados Unidos oscila entre el negacionismo trumpista y la apuesta tecnológica demócrata, con la Inflation Reduction Act como intento de hacer de la transición un motor de competitividad industrial. Pero la polarización política estadounidense hace que cualquier política pueda revertirse cada cuatro años, como de hecho acaba de ocurrir.

China combina planificación estatal con escala masiva, controlando las cadenas de suministro de tecnologías verdes pero manteniendo una dependencia problemática del carbón. Su modelo autoritario puede ser eficiente para implementar cambios rápidos, pero genera dependencias tecnológicas para el resto del mundo.

India, Brasil, Indonesia y otras economías emergentes enfrentan el dilema de si deben seguir el mismo camino de desarrollo basado en combustibles fósiles que siguieron los países ricos, o si pueden «saltar» directamente a modelos más sostenibles sin comprometer el bienestar de sus poblaciones.

Esta fragmentación de enfoques no es necesariamente negativa —puede generar innovación y competencia—, pero requiere mecanismos de coordinación que la geopolítica actual hace más difíciles de alcanzar.

Cuando la sostenibilidad entra en la política: dilemas, trampas y bloqueos

Una cosa es firmar compromisos globales y otra muy distinta es convertirlos en leyes, presupuestos e infraestructuras. Cuando la sostenibilidad entra en el terreno de la política práctica, los discursos se tensan, los plazos se dilatan y las decisiones incómodas se posponen. Aparecen dilemas que no son técnicos, sino profundamente políticos: ¿cómo compensar a los sectores que pierden?, ¿cómo evitar que la transición la paguen los de siempre?, ¿cómo impedir que el miedo al cambio lo capitalicen quienes quieren frenar cualquier transformación?

Lo que se juega no es solo la velocidad, sino la legitimidad del proceso. Las personas aceptan cambios si sienten que son justos, si perciben que hay un propósito común y un reparto equilibrado de costes y beneficios. Pero eso requiere coraje político, visión estratégica y una narrativa honesta que reconozca tanto los desafíos como las oportunidades.

Muchos líderes han preferido presentar la sostenibilidad como una agenda amable, indolora, cargada de beneficios y vacía de conflictos. Pero esa comodidad discursiva ha sido un regalo para quienes han querido caricaturizarla como una imposición ideológica. Negar los costes o esconder los sacrificios no protege la agenda: la deja vulnerable al cinismo y a la desinformación.

En los últimos años lo hemos visto con claridad: los negacionismos se actualizan, los partidos que explotan el malestar ganan apoyo y las políticas climáticas más ambiciosas se enfrentan a resistencias crecientes. Las instituciones que impulsan la transición no solo necesitan recursos: necesitan legitimidad social, estabilidad institucional y valentía política.

CAPITALISMO RESPONSABLE, MÁS ALLÁ DEL ESG

Una de las transformaciones más relevantes —y más difíciles de evaluar— es el cambio que se está produciendo en el corazón mismo del capitalismo. No es una revolución, pero sí una reorientación de sus incentivos, sus exigencias y sus legitimidades. Ya no basta con generar beneficios para los accionistas. Hoy, las grandes empresas globales están siendo interpeladas desde dentro y desde fuera: deben demostrar que su impacto no es negativo, que su contribución al conjunto es tangible y que entienden que su licencia social para operar está en juego.

El capitalismo individualista no es sostenible, pero eso no significa que tengamos que abandonar la economía de mercado. Significa que tenemos que evolucionar hacia formas de capitalismo que internalicen las externalidades, que valoren el capital natural y social tanto como el capital financiero, que premien la creación de valor compartido sobre la extracción de valor individual.

Algunas empresas lo asumen como una oportunidad para liderar la transformación. Otras se adaptan a regañadientes. Muchas lo maquillan. Pero el cambio cultural está en marcha: en los consejos de administración trabajamos en sostenibilidad, los informes financieros incorporan métricas no financieras y los riesgos climáticos forman parte de las decisiones estratégicas.

Aquí tengo que ser clara sobre algo fundamental: cuando hablo de sostenibilidad no me refiero a ESG, ni a RSC, ni a filantropías corporativas. Al menos eso, por supuesto. Pero es quedarse en la superficie del problema. Los marcos ESG (Environmental, Social and Governance) son útiles para introducir un lenguaje común en el mundo empresarial. Permiten medir y reportar impactos que antes eran invisibles. Han permitido trasladar preocupaciones difusas a métricas y procedimientos evaluables. Pero no se trata solo de cumplir estándares, sino de entender la sostenibilidad como parte integral de la estrategia de negocio. No como un apéndice, sino como una brújula. Hablar de manera estructurada y sistemática con las partes interesadas para conocer mejor tus impactos, pero también tus oportunidades.

La economía verde y social no es un sector aparte: es una reconfiguración transversal que afecta a la industria, la energía, la movilidad, la construcción, la agricultura y la tecnología.

La tecnología y la digitalización no son solo parte del contexto, sino herramientas clave para acelerar la transición. Permiten desplegar energías renovables, optimizar procesos industriales, reducir el uso de recursos y residuos, trazar cadenas de suministro o rediseñar modelos de producción más eficientes. También facilitan la implementación de enfoques como la economía circular o la regenerativa, que no se limitan a minimizar impactos negativos, sino que buscan restaurar ecosistemas, cerrar ciclos de valor y regenerar capital natural. Si se integran bien, no son un coste añadido: son una vía para hacer más rápida, más rentable y más inteligente la transformación económica que necesitamos.

El sector financiero, a menudo visto como parte del problema, se ha convertido en parte de la solución. Los bancos centrales incorporan riesgos climáticos en sus modelos de estabilidad, las aseguradoras reajustan coberturas frente a fenómenos extremos y los grandes fondos empiezan a redirigir capital en función de criterios ESG, aunque con niveles desiguales de compromiso y profundidad.

Este giro no es automático ni está exento de contradicciones. Hay empresas que se adaptan por convicción y otras por presión reputacional. Algunas impulsan la transición, otras la maquillan. Pero el movimiento estructural ya está en marcha: quien no incorpore criterios de sostenibilidad corre el riesgo de perder acceso a mercados, financiación y legitimidad social.

La sostenibilidad va de estrategia. De propósito. De cómo hacer que mi acción contribuya al mejor futuro posible.

Lo global, lo local y lo que está en juego cada día

Uno de los mayores riesgos de la sostenibilidad es que se convierta en una conversación entre iguales: élites que ya están convencidas, instituciones que se hablan entre sí, empresas que se miran en sus propios estándares. Mientras tanto, muchas personas siguen sin ver cómo esta transformación tiene que ver con sus vidas. O peor: sienten que no tienen voz en ella.

La transición no puede avanzar si solo se piensa desde arriba. Tiene que poder vivirse desde lo concreto: desde quien trabaja en el campo, desde quien cuida, desde quien intenta sacar adelante una pyme o un comercio. Si no conseguimos conectar esta agenda con esas realidades, no será una agenda de futuro: será un relato ajeno, y por tanto frágil.

Hacerlo posible requiere cercanía, escucha, empatía. Requiere políticas que no solo sean eficaces, sino comprensibles. Empresas que no solo midan impacto, sino que sepan traducir su propósito. Instituciones que no hablen solo con los que ya están dentro del sistema. Y medios que sepan contar lo que está en juego sin caer en la simplificación o el dramatismo.

La sostenibilidad no puede vivirse como imposición. Tiene que sentirse como un horizonte compartido. Y eso solo se logra cuando lo estructural y lo cotidiano dejan de ir por caminos distintos.

Por eso, la articulación entre lo global y lo local es clave. La escala global permite coordinar esfuerzos, establecer normas comunes, movilizar financiación y garantizar que nadie quede fuera. Pero es en lo local —en los territorios concretos, con sus paisajes, sus límites y sus oportunidades— donde se prueba si esa transformación es posible. Ahí se experimenta, se aprende, se adapta. Ahí se ve si las soluciones funcionan y si las personas pueden vivirlas sin sentirse expulsadas.

Sin esa conexión entre la gran ambición global y los desafíos cotidianos del territorio, no habrá transición real. Porque esta no es una transformación decorativa ni parcial: es una transformación vertebral. Va de cambiar un modelo que ya no nos funciona. Si no, serán más declaraciones vacías. Y aumentará la desafección y la brecha se hará abismo.

Capítulo 9
Geopolítica: El colapso del orden

Una de las transformaciones más determinantes de las últimas décadas —y quizá la que menos margen de negación deja hoy, en 2025 — ha sido la ruptura del orden global que rigió durante gran parte del siglo xx. Lo que comenzó como una erosión progresiva de las instituciones multilaterales, del liderazgo norteamericano y de las alianzas tradicionales se ha convertido en una reconfiguración profunda y caótica del tablero internacional.

Podría parecer que estoy cambiando radicalmente de tema, pero si tenemos que hablar de sostenibilidad es porque nuestro orden —nuestro modelo de organización del mundo— está tocando fondo, aunque la visión general siga siendo que estábamos en una cima. Y cuando eso ocurre, emerge otra capa de realidad: los intereses y el miedo, la competencia y... la fuerza. La dichosa mentalidad de suma cero.

La Pax Americana ha dejado de ser un marco de referencia, y en su lugar se ha abierto paso una multipolaridad inestable, marcada por tensiones abiertas, nuevas formas de poder y una ausencia creciente de reglas compartidas.

Lo más inquietante de este proceso no es solo la aparición de actores como China, India, Rusia o el Sur Global, sino el hecho de que Estados Unidos, arquitecto del sistema anterior, haya comenzado a dinamitarlo desde dentro. Y en esa fractura —no solo institucional, sino también narrativa— el mundo se ha quedado sin un marco común sobre el que sostenerse.

EL TRIENIO QUE LO CAMBIÓ TODO: 2020-2022

Si tuviera que señalar el momento exacto en que esta transformación dejó de ser gradual para volverse evidente, elegiría el período entre 2020 y 2022. Tres crisis sucesivas actuaron como detonantes de un cambio que ya estaba gestándose: la pandemia de COVID-19 en 2020, la crisis energética global de 2021 y la invasión rusa de Ucrania en 2022. No fueron «cisnes negros» impredecibles, sino la culminación de señales dispersas que no supimos conectar a tiempo.

Estos tres años expusieron, de manera brutal, las vulnerabilidades del sistema global: cadenas de suministro extremadamente frágiles, dependencias energéticas críticas y la incapacidad de las instituciones internacionales para responder eficazmente a crisis sistémicas. Pero también revelaron algo más profundo: que la hiperglobalización había alcanzado sus límites, no solo económicos, sino también políticos y sociales.

Mientras Occidente gestionaba estas crisis, dos documentos publicados en octubre de 2022 marcaron oficialmente el fin de una era: el XX Congreso del Partido Comunista Chino, que blindó a Xi Jinping como líder supremo y consagró su pensamiento como brújula para el Sur Global, y la Estrategia de Seguridad Nacional de Estados Unidos, que identificó a China como «competidor sistémico» principal. En ese momento, el mundo dejó de fingir que la cooperación global era posible bajo las reglas existentes.

LA ILUSIÓN DE ESTABILIDAD: DEL MUNDO BIPOLAR A LA PAX AMERICANA

Para entender la magnitud de esta ruptura, necesito remontarme más atrás. El mundo posterior a 1945 se construyó sobre las ruinas de la guerra más devastadora que la humanidad había conocido. Surgió un orden bipolar, tenso pero previsible, que se mantuvo intacto durante décadas gracias al miedo mutuo entre Estados Unidos y la Unión Soviética. Esta bipolaridad, aunque inquietante, ofrecía una especie de seguridad: sabíamos quién estaba al otro lado y qué podíamos esperar.

La caída del Muro de Berlín y el colapso soviético en 1991 acabaron abruptamente con esta estructura, dando paso a una Pax Americana en la que Estados Unidos asumió un liderazgo casi absoluto. Pero aquí radica la primera gran ironía de nuestra historia reciente: esa victoria aparente contenía las semillas de su propia destrucción.

Durante la década de los noventa y principios del 2000, Occidente vivió con la convicción de que la historia se había resuelto. Creímos estar en el centro del universo, convencidos de que nuestro modelo de democracia liberal y mercado libre había triunfado definitivamente. La narrativa del «fin de la historia» se instaló como una verdad asumida, proclamando que habíamos llegado al destino final de la evolución política humana.

Pero esa seguridad era, en realidad, una ilusión. Mientras nuestras sociedades se acomodaban en esa victoria aparente, otras regiones del mundo —particularmente en Asia, Oriente Medio y el llamado Sur Global— estaban reorganizando sus fuerzas, aprovechando recursos estratégicos y proyectando nuevas formas de poder. No supimos leer las señales. Y es precisamente por eso que hoy necesitamos reconstruir la cronología: no solo como una secuencia de hechos, sino como una forma de comprender aquello que ignoramos mientras creíamos tener el control.

EL SILENCIOSO DESPERTAR DEL SUR GLOBAL Y LA REDEFINICIÓN DE LA GLOBALIZACIÓN

Uno de los errores más profundos de Occidente, en mi opinión, fue interpretar la globalización como un proceso unidireccional que beneficiaría automáticamente a todos los participantes. Cuando China ingresó en la OMC en 2001, lo celebramos como una victoria más del modelo liberal, convencidos de que Pekín adoptaría gradualmente nuestras reglas políticas junto con las económicas. Pero, de entrada, los dejamos seguir aplicando internamente las suyas… Recuerdo esos debates en la OCDE, cuando ejercía allí como embajadora de España.

Lo que realmente ocurrió fue más sutil y estratégico. China utilizó la globalización para fortalecer un modelo político autoritario combinado con un capitalismo de Estado altamente eficiente. Mientras nuestras empresas trasladaban masivamente su producción a suelo chino buscando menores costes, Pekín aprovechaba esta circunstancia para generar transferencia tecnológica, desarrollar capacidades propias y comenzar a competir en áreas estratégicas avanzadas.

Pero China no fue la única en leer mejor el sistema global. El Sur Global en su conjunto —desde India hasta Brasil, desde los países del Golfo hasta varias naciones africanas— comenzó a practicar una visión sistémica sin declararla, moviéndose con flexibilidad, adaptándose a cada contexto y aprovechando las debilidades de un mundo interconectado.

LA GLOBALIZACIÓN MUTANTE, NO MUERTA

Aquí es fundamental entender que la globalización no ha muerto: se ha transformado. El gran problema no radica en el comercio internacional en sí, sino en la ausencia de normas comunes que garanticen la competencia justa. Para que el libre comercio funcione óptimamente, las condiciones entre países deberían ser comparables en términos de derechos laborales, regulación ambiental y marcos jurídicos. Sin embargo, esto no ha sucedido.

La permisividad con la que Occidente aceptó que distintos países mantuvieran reglas internas completamente desalineadas generó una distorsión profunda en el sistema. Mientras en nuestros países los salarios crecían junto con las protecciones sociales y ambientales, otras economías mantenían estándares laborales precarios y costes artificialmente bajos. Esto creó una paradoja: el consumidor occidental se beneficiaba de productos baratos sin ser plenamente consciente de que esto era posible gracias a la explotación laboral en otras partes del mundo.

Durante estos años, se han ido reconformando y reconfigurando las cadenas de valor, haciéndonos interdependientes; lo que era buscado y base de la estabilidad global, pero siempre que se respetaran las reglas... Cuando tuvimos que reaccionar ante las crisis recientes, constatamos nuestra vulnerabilidad al no controlar suministros críticos que otros dominaron y convirtieron en arma de poder. El resultado ha sido una fractura en la globalización. Ya no vivimos en un mundo de libre comercio sin restricciones, sino en uno donde cada país busca asegurar su autonomía estratégica mediante la reubicación de industrias (*reshoring*) o el fortalecimiento de cadenas de suministro más seguras (*nearshoring*). No se trata de abandonar el comercio global, sino de redefinirlo bajo nuevas reglas que prioricen la seguridad económica y la equidad en la competencia.

OCCIDENTE FRENTE A SU PROPIA VULNERABILIDAD

Al mirar hacia atrás desde este punto de 2025, resulta evidente que muchas de las crisis que vivimos a principios del siglo XXI fueron señales claras de vulnerabilidades estructurales en Occidente que subestimamos profundamente.

Todo comenzó con los atentados del 11 de septiembre de 2001. Este dramático suceso desvió recursos enormes hacia prolongados conflictos en Oriente Medio que desgastaron a Estados Unidos militar y económicamente, erosionando la imagen global de Occidente y cuestionando seriamente la legitimidad moral del orden liderado por Washington.

Aquí radica una de las lecciones más importantes sobre anticipación geopolítica: tanto el 11-S como muchos otros conflictos tienen raíces en cómo se gestionan las derrotas y las victorias. Los atentados no surgieron de la nada, sino del resentimiento acumulado durante décadas de intervenciones occidentales en Oriente Medio, desde el control de recursos energéticos hasta el apoyo a regímenes autoritarios por conveniencia estratégica. Como observa Amin Maalouf, la historia está llena de «resentidos que esperan su venganza», y Occidente subestimó sistemáticamente esta dinámica.

El mismo patrón se repite con Rusia: la humillación percibida tras el colapso soviético y la expansión de la OTAN creó el resentimiento que Putin ha canalizado hacia la confrontación actual. O con China: Xi Jinping habla explícitamente de recuperar la posición histórica de China después de lo que llama «el siglo de la humillación». Estos no son caprichos autocráticos, sino proyectos de largo plazo enraizados en narrativas de recuperación histórica que deberíamos haber anticipado.

Poco después llegó la crisis financiera global de 2008, que expuso sin piedad la fragilidad del modelo económico occidental basado en deuda y desregulación financiera. Esta crisis generó profundos movimientos de descontento social que se reflejaron en el crecimiento del populismo y el nacionalismo político. Pero también reveló algo más fundamental: que habíamos construido nuestro modelo de bienestar sobre dividendos estratégicos que dábamos por descontados.

El estado del bienestar occidental, pero sobre todo el europeo, se había edificado en buena medida sobre tres pilares que considerábamos permanentes: la reducción de gastos en defensa gracias al escudo estadounidense, los bajos costes de producción chinos y la dependencia energética de Rusia. Esta configuración planteaba riesgos que no quisimos ver hasta que fue demasiado tarde.

Pero quizá la vulnerabilidad más grave no era externa, sino interna. La ilusión del fin de la historia nos hizo pensar que estábamos avanzando hacia un progreso lineal, bajo control, con los valores democráticos ya consolidados. En esa autocomplacencia, no solo ignoramos los movimientos estratégicos de actores como China o Rusia, sino que también dejamos de observar nuestras propias fracturas.

Las tensiones internas, el debilitamiento de los vínculos sociales, la desafección ciudadana y la erosión de la confianza institucional se fueron agravando mientras creíamos estar en la cima del desarrollo. Lo paradójico es que todo esto sucedió en un contexto de hiperconexión digital que, lejos de ampliar nuestra comprensión, generó una falsa sensación de estar informados y en control.

LA EMERGENCIA DE UN NUEVO TABLERO GLOBAL

Con la llegada de Donald Trump (I) en 2016 se hizo explícita una transformación que ya estaba en marcha. Trump no fue el origen de la ruptura del orden liberal, sino un síntoma visible de que Estados Unidos llevaba tiempo alejándose de las reglas que él mismo había creado. Su política *America First* marcó el paso de un multilateralismo basado en principios a un mundo de negociación permanente y transaccional. El período intermedio con Biden intentó restaurar la normalidad perdida, pero ya era demasiado tarde para frenar la fragmentación.

Europa ha recibido su llamada de atención más dolorosa, después del COVID y los problemas de suministros críticos, con la guerra en Ucrania de 2022, que reveló vulnerabilidades críticas como la dependencia energética de Rusia y limitaciones en su capacidad defensiva autónoma. Esta crisis puso al descubierto que Europa necesitaba urgentemente redefinir su identidad y propósito estratégico.

La respuesta europea ha sido el concepto de «autonomía estratégica», que busca una solución intermedia entre el proteccionismo extremo y la dependencia total. No se trata de desacoplamiento (*decoupling*), sino de reducción de riesgos (*derisking*). Europa pretende mantener relaciones comerciales con China mientras diversifica sus dependencias críticas y fortalece sus capacidades propias.

Pero este equilibrismo no está exento de riesgos. Muchos países europeos están tentados a jugar un papel de arbitraje individual, beneficiándose de la fragmentación global en detrimento de la solidaridad europea. El desafío será mantener la unidad mientras se navega en un mundo multipolar cada vez más complejo.

EL ASCENSO DE LOS ACTORES INTERMEDIOS

En este nuevo tablero fragmentado, uno de los fenómenos más interesantes es el ascenso de países tradicionalmente considerados secundarios. El cuestionamiento creciente de las reglas ha permitido que actores intermedios —aquellos que no son superpotencias, pero tampoco marginales— encuentren un espacio de maniobra inédito.

India ejemplifica perfectamente esta nueva diplomacia multipolar. Mantiene alianzas estratégicas con Estados Unidos a través del QUAD, conserva relaciones comerciales robustas con China, preserva vínculos históricos con Rusia y desarrolla asociaciones energéticas con los países del Golfo. Todo ello de forma simultánea, sin comprometerse exclusivamente con ningún bloque.

Las monarquías del Golfo —especialmente Arabia Saudí y los Emiratos Árabes Unidos— han completado una transformación extraordinaria. Ya no son simplemente exportadores de petróleo, sino actores geopolíticos que median en conflictos, invierten en tecnologías de vanguardia y diversifican sus economías hacia sectores estratégicos del futuro. Su capacidad para mantener relaciones simultáneas con Estados Unidos, China, Rusia y Europa los convierte en nodos críticos del nuevo sistema multipolar.

Turquía ha emergido como un actor estratégico singular, aprovechando su posición geográfica entre Europa, Asia y Oriente Medio para desarrollar una política exterior cada vez más autónoma. Desde sus intervenciones en Siria y Libia hasta sus relaciones complejas con Rusia y su posición en la OTAN, Turquía ejemplifica cómo las potencias regionales pueden aumentar su influencia en un mundo fragmentado.

Asia-Pacífico presenta un mosaico especialmente interesante. Vietnam se ha convertido en un beneficiario clave del desacoplamiento China-Estados Unidos, atrayendo inversiones de ambos. Corea del Sur navega entre su alianza de seguridad con Estados Unidos y sus lazos económicos con China. Indonesia y Malasia están reforzando su papel como *hubs* manufactureros y tecnológicos, beneficiándose de la rivalidad entre las grandes potencias.

África y América Latina representan otra dimensión crítica de esta reconfiguración, aunque no tanto como actores geopolíticos autónomos, sino como territorios de importancia estratégica creciente. África, con su potencial demográfico explosivo y sus vastos recursos minerales esenciales para la transición energética (como el litio, el cobalto o las tierras raras), se ha convertido en un campo de batalla por la influencia de las grandes potencias. América Latina alberga recursos críticos similares y mercados en expansión.

La pregunta central es si estos territorios lograrán aprovechar su riqueza demográfica y de recursos para desarrollar mayor autonomía geopolítica, o si continuarán siendo principalmente objetos de competencia entre China, Estados Unidos, Europa y otras potencias. Algunos países africanos y latinoamericanos están aprendiendo a diversificar sus relaciones, pero su margen de maniobra sigue siendo más limitado que el de las potencias intermedias asiáticas o del Golfo.

Incluso Irán, a pesar de las sanciones occidentales, ha logrado mantener una influencia regional significativa, desarrollando vínculos más estrechos con China y Rusia mientras proyecta poder en Oriente Medio. Ya veremos el desenlace de la actual crisis.

Esta nueva constelación de actores intermedios —desde India hasta las monarquías del Golfo, desde Turquía hasta

Vietnam— han aprendido a jugar en un mundo de reglas que se debilitan, buscando acuerdos estratégicos con múltiples bloques sin comprometerse completamente con ninguno. No es que hayan adquirido el poder de las grandes potencias, pero sí han aprendido a usar estratégicamente las rivalidades entre ellas.

LAS NUEVAS ARMAS GEOPOLÍTICAS: TECNOLOGÍA, SOSTENIBILIDAD Y ESPACIO

La seguridad y la defensa desplegadas en las distintas geografías han sido las claves en el juego geopolítico, pero no son las únicas armas. Ya hemos visto que, en el siglo XXI, la interdependencia se instrumentaliza en términos de control en las cadenas de valor, y no solo mediante el poder de compra (EE. UU. y Europa), sino también por el control de la cadena de distribución y logística, producción y suministros (China).

En esta era de desmaterialización digital, paradójicamente el control de lo material nunca ha sido tan decisivo. Los datos viajan por cables submarinos y la conectividad total depende de satélites. La inteligencia artificial se alimenta de minerales y tierras raras, componentes que se concentran en pocos territorios.

La tecnología, especialmente la inteligencia artificial y la gestión de datos, se ha convertido en el principal terreno de lucha geopolítica. La guerra comercial entre Estados Unidos y China es, en esencia, una batalla por el liderazgo tecnológico del futuro. Quien controle los semiconductores, las infraestructuras de comunicaciones y la inteligencia artificial controlará buena parte del poder económico y político del siglo XXI.

Junto a la tecnología, la sostenibilidad ya no es solo un desafío ecológico, sino también un campo estratégico crucial. La transición energética está redefiniendo la competencia por recursos esenciales, concentrados en África (cobalto, litio) y América Latina (litio, tierras raras). China controla más del

90 % del procesamiento de minerales raros necesarios para las tecnologías limpias, pero los yacimientos están distribuidos globalmente, creando nuevas dependencias y oportunidades geopolíticas.

Más allá de la Tierra, emerge con claridad el espacio como un nuevo terreno clave en la competición estratégica global. A diferencia de la exploración espacial de la Guerra Fría, la competencia actual no es solo entre Estados, sino también entre actores privados. Empresas como SpaceX, Blue Origin y las agencias espaciales de China, Estados Unidos y Europa están desarrollando infraestructuras que podrían redefinir el acceso a recursos estratégicos fuera del planeta.

El espacio es clave en la geopolítica futura por tres razones: los recursos estratégicos que podrían extraerse de asteroides y de la Luna; la soberanía y seguridad, que dependerán de satélites y estaciones espaciales para comunicación, datos y operaciones militares; y la posibilidad de que represente un «Plan B» ante los riesgos climáticos terrestres.

Incluso el deshielo del Ártico —acelerado por el cambio climático— está reconfigurando rutas y zonas de influencia, acercando de forma inquietante a Estados Unidos, Rusia y China en un nuevo frente silencioso. Territorios antes considerados periféricos, como Groenlandia, han adquirido un peso estratégico inesperado.

CRONOLOGÍA DE UNA TRANSFORMACIÓN: LOS EVENTOS QUE NO SUPIMOS CONECTAR

1945-1991: Los cimientos del orden que se desmorona

1945: Fin de la Segunda Guerra Mundial. Comienza la Guerra Fría. Se crea la ONU y el sistema de Bretton Woods.
1949: Fundación de la OTAN. Consolidación del bloque occidental frente a la URSS.

1971: Fin del patrón oro. El dólar se convierte en moneda fiduciaria hegemónica —una decisión que más tarde daría a Estados Unidos un poder financiero extraordinario, pero también una vulnerabilidad—.

1973: Primera crisis del petróleo. Nace la OPEP como actor estratégico —la primera señal de que los recursos podrían convertirse en armas geopolíticas—.

1989: Caída del Muro de Berlín. Se inicia el fin de la Guerra Fría y comienza el relato del «fin de la historia».

1991: Disolución de la URSS. Estados Unidos queda como única superpotencia, pero aquí comenzó el error: asumir que esta situación sería permanente.

2001-2010: Las señales que ignoramos

2001: Entrada de China en la OMC —celebrada en Occidente como victoria del libre comercio, pero que en realidad marcó el inicio de la erosión del sistema desde dentro—. Ese mismo año, los atentados del 11-S desviaron la atención estratégica estadounidense hacia Oriente Medio, mientras China aprovechaba para acelerar su desarrollo.

2003: Invasión de Irak —que demostró los límites del poder estadounidense y comenzó a erosionar la legitimidad del liderazgo occidental—.

2008: Crisis financiera global —no solo una crisis económica, sino la primera grieta profunda en la credibilidad del modelo occidental—. Aquí deberíamos haber entendido que nuestro modelo tenía vulnerabilidades estructurales.

2010-2020: La década de la fragmentación silenciosa

2010: Primavera Árabe —que mostró la fragilidad del orden regional y la limitada capacidad occidental para gestionar crisis complejas—.

2013: China lanza la Iniciativa de la Franja y la Ruta —subestimada en Occidente como simple estrategia comercial, cuando en realidad era una apuesta geopolítica integral para crear un orden alternativo—.

2014: Rusia anexiona Crimea —el retorno de la guerra territorial en Europa, que Europa tardó años en comprender plenamente—.

2016: Brexit y primera elección de Trump —síntomas de fracturas internas profundas en las sociedades occidentales que habíamos ignorado—.

2018: Comienzo de la guerra comercial entre Estados Unidos y China —el momento en que el libre comercio dejó de ser un consenso y se convirtió en un instrumento de competencia geopolítica—.

2020-2025: El despertar brutal

2020: Pandemia de covid-19 —expuso brutalmente la dependencia occidental de China en sectores críticos y la fragilidad de las cadenas de suministro globales—.

2021: Retirada caótica de Afganistán —símbolo del fin de la era de las intervenciones occidentales y evidencia de la erosión de la influencia estadounidense—.

2022: Invasión rusa de Ucrania —el *electroshock* que finalmente despertó a Europa de su dependencia energética y militar—.

2022 (octubre): Publicación simultánea de la estrategia de seguridad nacional de Estados Unidos (identificando a China como competidor sistémico) y el XX Congreso del Partido Comunista Chino (consolidando el liderazgo de Xi Jinping) —el momento en que ambas superpotencias declararon oficialmente el fin de la cooperación estratégica—.

2024: Elecciones críticas globales —que profundizaron la incertidumbre y la polarización política en múltiples países—.

2025: Segundo mandato de Trump —que consolida el giro estadounidense hacia la competencia estratégica directa y la sustitución de reglas comunes predecibles por el caos como herramienta de poder—.

LAS SEÑALES QUE CONECTAN LOS PUNTOS

Mirando esta cronología desde 2025, emergen patrones claros que deberíamos haber detectado:

El patrón de la erosión gradual: cada crisis (11-S, 2008, Brexit, Trump I) debilitó un pilar del orden liberal, pero las tratamos como eventos aislados en lugar de síntomas de una transformación sistémica.

El patrón del ascenso paciente: China aprovechó cada crisis occidental para consolidar su posición, pero lo hizo gradualmente, evitando confrontaciones directas hasta estar preparada.

El patrón de la fragmentación digital: desde las regulaciones chinas de Internet hasta las restricciones estadounidenses de tecnología, el mundo digital se fragmentó mucho antes que el físico.

El patrón de la instrumentalización de la interdependencia como arma de poder: lo que considerábamos garantías de paz (comercio, energía, tecnología) se convirtió sistemáticamente en instrumentos de coerción.

LA DIMENSIÓN HUMANA: CÓMO AFECTA ESTE CAMBIO AL INDIVIDUO

Esta transformación geopolítica no es solo un asunto de grandes potencias y estrategias estatales. Afecta directamente a la vida cotidiana de las personas: las oportunidades laborales cuando las cadenas de suministro se reorganizan, la seguridad personal ante el aumento de los conflictos híbridos, el acceso a tecnologías según los bloques digitales e incluso la libertad de movimiento según las nuevas fronteras geopolíticas.

La creciente incertidumbre está generando nuevas formas de ansiedad social y política. Los ciudadanos perciben que viven en un mundo menos predecible, donde decisiones tomadas en capitales lejanas pueden alterar súbitamente sus vidas. Esta sensación de vulnerabilidad está alimentando movimientos populistas y nacionalistas que prometen recuperar el control, aunque a menudo ofrezcan soluciones simplistas a problemas complejos.

CONCLUSIÓN: NAVEGANDO LA COMPLEJIDAD DEL NUEVO MUNDO

Al llegar a 2025, tengo la certeza de que estamos viviendo una de esas transiciones históricas que redefinen fundamentalmente el orden global. No se trata solo de un ajuste o de una crisis cíclica: es el fin de un paradigma y el nacimiento doloroso de otro.

Lo que emerge no es necesariamente peor que lo que dejamos atrás, pero sí es cualitativamente diferente. El mundo unipolar con reglas claras ha dado paso a un sistema multipolar con normas en permanente negociación. La predictibilidad se ha cambiado por flexibilidad. La estabilidad aparente, por una inestabilidad que podría ser más resiliente a largo plazo.

Para navegar este nuevo mundo, necesitamos desarrollar nuevas capacidades: mayor tolerancia a la ambigüedad, habilidad para gestionar múltiples relaciones simultáneas y la sabiduría para distinguir entre aquello que podemos controlar y aquello a lo que simplemente debemos adaptarnos.

La geopolítica del siglo XXI no será solo cosa de Estados y diplomáticos. Será también el arte de que individuos, empresas y comunidades aprendan a prosperar en un mundo más complejo, más interconectado y, paradójicamente, más fragmentado que nunca.

La geopolítica es una de las fuerzas activas de estos tiempos: acelera cambios y bloquea otros, reordena las prioridades y desestabiliza las referencias. En este nuevo tablero, más fragmentado e incierto, la gran pregunta ya no es solo qué está cambiando, sino quién puede tomar decisiones, con qué legitimidad y desde qué lugar de poder. Y eso nos lleva al siguiente capítulo… el liderazgo.

Capítulo 10
Liderazgo

Hace tiempo que vengo observando algo paradójico en el mundo de las organizaciones: mientras el exterior se vuelve cada vez más complejo e interconectado, muchas empresas —y, sobre todo, instituciones— siguen funcionando con lógicas que nacieron en un mundo mucho más simple y previsible. Es como si lleváramos mapas del siglo xx para navegar territorios del siglo xxi.

El liderazgo del siglo xxi no puede seguir siendo una cuestión de autoridad vertical. Ya no basta con gestionar recursos ni escalar posiciones. Lo que demanda nuestro tiempo es un tipo de liderazgo más profundo, más humano y más consciente. Tiene que ser adaptativo y creativo, ya que debemos gestionar un cambio al mismo tiempo que se está generando.

DEL CONTROL A LA COORDINACIÓN: LAS GRIETAS DEL LIDERAZGO

La vieja escuela del liderazgo funcionaba en un mundo relativamente estable, donde prever, planificar y controlar tenían sentido. Pero 2025 nos ha mostrado con claridad meridiana que ese mundo se ha fracturado. Las grietas que veníamos intuyendo han eclosionado de forma dramática, y nos encontramos ante una paradoja alarmante: mientras el liderazgo empresarial evoluciona hacia un capitalismo de *stakeholders* (o de partes interesadas más allá de los accionistas) más consciente y sostenible, el liderazgo político se refugia en el cortoplacismo y la simplicidad populista.

Es como si estuviéramos viviendo a dos velocidades simultáneas. Por un lado, muchas organizaciones empresariales han entendido que el valor compartido sostenible no es solo una opción ética, sino una necesidad estratégica. Por otro, los líderes políticos, presionados por ciclos electorales cada vez más frenéticos y una ciudadanía desbordada por la complejidad, ofrecen atajos que sabemos que no llevan a ninguna parte buena.

Esta divergencia no es casual. Responde a una incomprensión profunda de la complejidad sistémica que nos rodea. Cuando la gente no entiende por qué el mundo se vuelve tan incierto, y cuando las instituciones tradicionales parecen incapaces de ofrecer respuestas, aparece la tentación del autoritarismo. Y la historia nos enseña, una y otra vez, que renunciar a nuestra libertad a cambio de simplicidad es la opción más fácil, pero también la peor.

Me viene a la mente una reflexión que surgía en aquella conversación sobre la necesidad de «mirar fuera de la burbuja». Durante décadas, el modelo *fordista* o de producción en cadena nos acostumbró a trabajar en silos, muy separados, muy parcelados. Cada uno se ocupaba de lo suyo y no miraba más allá de su puesto de trabajo. Era un modelo disciplinar y estanco que, hasta cierto punto, podría resultar deshumanizante. En todo caso, partía de una premisa que ahora no se cumple: la comprensión y el manejo del todo. A partir de la visión del todo se puede hacer la fragmentación en piezas del puzle que siempre encaja. Se perfeccionan las piezas, pero con una lógica del todo.

Ahora las grandes transformaciones son transversales; cortan todos los hilos. La digitalización permite reintermediar y manejar piezas que estaban muy separadas, cambiando su valor en esa recombinación. Por ejemplo: una aplicación de *software* elaborada en un lugar remoto puede utilizarse en un iPhone. Esto obliga a quien estaba en un trabajo muy reglado a mirar fuera de su caja, y eso es enriquecedor: entender las combinaciones que puedes hacer con otros, escuchar al otro, hablar con quien hace cosas diferentes, aprender y ser capaces de interactuar para generar nuevas soluciones.

Si estás en tu mundo y profundizas solo en el dominio de la pieza que elegiste, puedes acabar siendo erudito de lo irrelevante. Si no miras fuera de tu isla en esta fase sísmica, puedes despertarte un día a la deriva y no en el archipiélago de origen. Las partes ya no suman el todo que les dio sentido.

LA CULTURA COMO BRÚJULA EN UN ECOSISTEMA FRAGMENTADO

Aquí es donde entra en juego algo fundamental: la cultura organizativa. Como me gusta recordar, citando a Drucker, «la cultura se desayuna a las estrategias por la mañana». Pero en 2025 hemos visto cómo esta máxima trasciende el ámbito empresarial para convertirse en una cuestión de supervivencia democrática.

La fragmentación digital que vivimos ha creado un nuevo fenómeno: mientras las organizaciones empresariales desarrollan culturas cada vez más colaborativas e inclusivas, nuestras sociedades se fracturan en burbujas algorítmicas. El ciudadano del siglo XXI ya no habita únicamente una nación, sino un ecosistema digital donde el acceso a la información, la formación de opiniones y la movilización emocional están mediados por plataformas privadas con lógicas opacas.

Esta es la paradoja más preocupante de nuestro tiempo: las democracias están perdiendo cohesión interna precisamente cuando más necesitamos inteligencia colectiva para abordar retos sistémicos. Y aquí aparece una ironía amarga. Criticamos duramente a las plataformas tecnológicas por comerciar con los datos de nuestra vida, por captar nuestra atención y hacernos consumir lo que ellas intermedian a través de algoritmos opacos. Pero los líderes políticos que emergen en este siglo XXI cabalgan como jinetes del apocalipsis utilizando precisamente esas mismas plataformas para generar caos, disrupción y manipulación para sus propios intereses.

No buscan un mundo mejor; buscan poder. Y han descubierto que las herramientas que tanto criticamos por su impacto en la privacidad y la autonomía individual son perfectas para fragmentar sociedades, polarizar opiniones y erosionar la confianza en las instituciones democráticas. La pluralidad democrática, que antes era una fortaleza, se convierte en un terreno fértil para la desinformación y el desgaste institucional cuando es instrumentalizada por quienes no creen en ella.

Frente a ese enfoque individualista exacerbado que nos llevó a creer que cada uno podía «buscarse la vida» en un mundo simple, ahora necesitamos urgentemente un nuevo contrato social, aunque es mucho más que eso, es el modelo que ese contrato gestiona. Uno que articule la autonomía individual con la cooperación sistémica, porque los retos que enfrentamos —desde el cambio climático hasta la revolución digital— no se resuelven desde trincheras, sino desde puentes que superen las brechas. Si no, serán abismos.

EL LIDERAZGO COMO SERVICIO: UNA RESPUESTA A LA CRISIS SISTÉMICA

Un liderazgo verdaderamente transformador arranca en el autoconocimiento: en saber quiénes somos antes de decir adónde vamos. En tiempos de sobreexposición, liderar exige una brújula interna bien calibrada, construida desde la reflexión y la coherencia personal.

Esto me lleva a una idea que he ido madurando: el liderazgo no es un plan que se ejecuta, es un proceso que se alimenta. No es una conquista personal, sino un servicio al bien común. No se trata de brillar, sino de crear las condiciones para que otros brillen.

Como los *sherpas* que preparan la ascensión y acompañan sin protagonismo, el nuevo liderazgo no es omnipresente, pero sí determinante. Tiene una visión clara, pero no impone; sostiene al grupo, pero no eclipsa. En tiempos de incertidumbre, es ese tipo de liderazgo el que puede marcar la diferencia entre avanzar o quedar atrapados en el desorden.

Y, sin embargo, parece que lo que tenemos son narcisistas...

LAS ORGANIZACIONES COMO ECOSISTEMAS

He trabajado muchos años en organizaciones grandes y pequeñas, públicas y privadas. Y si algo tengo claro es que las que acaban progresando no son las más jerárquicas ni las más eficientes sobre el papel. Son las que han aprendido a escuchar, a colaborar, a sostener vínculos cuando todo se tambalea. Eso sí es ser resiliente, como gusta decir ahora: equilibrio en la cuerda floja. Y eso exige una transformación radical, no tanto de estructura (que acabará surgiendo), sino de mentalidad, de cultura.

En un mundo donde las decisiones deben tomarse en tiempo real y la información fluye sin fricciones, los modelos jerárquicos pierden eficacia. Las organizaciones del futuro serán redes flexibles, donde la inteligencia colectiva, la innovación abierta y la colaboración transversal marcarán la diferencia.

Las transformaciones que se están abriendo paso no tienen tanto que ver con los organigramas como con las formas de relación. La participación ya no es solo una aspiración democrática: es una condición para que las organizaciones puedan adaptarse, aprender, corregir, construir sentido. El liderazgo intermedio, que durante décadas se entendió como un peldaño entre la dirección y los equipos, empieza a adquirir otro papel: no tanto controlar como acompañar; no tanto ejecutar como traducir el cambio (global a local, por ejemplo). Y en estos movimientos hay algo que es fundamental en estos tiempos de revolución tecnológica, y en especial de inteligencia artificial: la hibridación entre capacidades humanas y herramientas tecnológicas. No para reemplazar lo que somos, sino para amplificar lo que podremos ser.

Si sabemos integrar esa alianza con una visión clara, ética y estratégica, el liderazgo del futuro no será menos humano, sino más potente, más consciente, más capaz de trabajar con la complejidad sin perder el juicio.

LA GOBERNANZA PARA UN MUNDO COMPLEJO

Nuestra época necesita líderes capaces de mirar el mundo desde lo alto, con una mirada sistémica que conecte lo geopolítico, lo digital y lo sostenible. Líderes que no actúen en compartimentos estancos, sino que entiendan las interdependencias y trabajen con otros desde la cooperación.

No tengo la fórmula mágica. Pero, después de estos años de experimentación, prueba y error, tengo la convicción de que no basta con reformas administrativas ni procesos rígidos y rutinarios. Necesitamos crear espacios donde las decisiones no las tome siempre la misma gente con las mismas lógicas. Donde haya diversidad real —de generaciones, saberes y lenguajes— y no solo de etiquetas. Donde la cooperación no sea un lema, sino una práctica viva. Y donde las políticas, públicas y privadas, no sean licencia para gestionar lo existente, sino para habilitar lo que todavía no tiene forma.

Esto requiere decisiones institucionales valientes, empezando por repensar cómo formamos a quienes toman decisiones. No basta con capacitar buenos gestores: necesitamos formar referentes, personas capaces de pensar en términos sistémicos y de actuar con responsabilidad ética ante dilemas complejos. También necesitamos espacios donde la inteligencia no esté concentrada, sino distribuida. Consejos de administración (y de ministros…) que integren voces diversas —por generación, por disciplina, por experiencia— y donde la escucha no sea cortesía, sino método.

Y más allá del mundo empresarial, también las políticas públicas tienen que abrirse a nuevas formas de liderazgo. Reconocer y fomentar liderazgos distribuidos en los entornos locales, en la salud, en la educación, en la transición energética. Donde no todo dependa de unos pocos que deciden desde arriba, sino de muchos que interpretan desde dentro lo que necesita cada contexto.

Si la digitalización y la revolución tecnológica nos habilitan para conseguir avances hasta hace poco inimaginables, la sostenibilidad es la agenda y el propósito que guían esos avances. Pero el liderazgo y la gobernanza determinarán si lo conseguimos o fracasamos como especie. Y aquí, me temo, hoy no estamos a la altura. Sin olvidar que el cambio, al final, depende de nosotros mismos.

Campamento III:
Entre lo estructural y lo emergente

Hemos completado un recorrido intenso por las transformaciones del siglo XXI, y el peso de lo vivido se percibe en el aire. Otras voces se han sumado al camino. Personas que han estado escuchando, observando, procesando lo que hemos explorado. Y ahora, con la confianza que da un fuego compartido, empiezan a hablar.

La voz joven y clara del campamento anterior rompe el silencio primero:

—No sé si estoy de acuerdo con todo lo que hemos visto —dice Exploradora. Mi abuela vivió la posguerra, la llegada de la televisión, Internet, los móviles… ¿De verdad nuestros cambios son tan únicos? A veces siento que cada generación cree que vive la gran transformación.

Sus palabras flotan en el aire como una pregunta honesta. No es cinismo, es genuina curiosidad.

Una voz más grave responde desde el otro lado del círculo:

—Yo llevo cuarenta años en el sector empresarial —dice Constructor, un hombre de mediana edad acostumbrado a lidiar con la complejidad—. He visto crisis y recuperaciones, burbujas y *crashes*. Pero esto…, esto es diferente. No es solo que cambien las herramientas: es que cambian las reglas del juego. Mi empresa produce lo mismo que hace veinte años, pero ahora tengo que explicar por qué no somos una *startup* tecnológica, por qué no somos carbono-neutros, por qué no tenemos un propósito social. El marco completo se ha movido.

Una tercera voz, más suave, se suma:

—A mí lo que me agobia es el ritmo —interviene Cuidado, con ese tono reflexivo de quien observa mucho—. En mi trabajo veo cada día cómo la gente está exhausta de tanto cambio. Cambio tecnológico, cambio climático, cambio político… ¿No será que estamos sobrecargando la narrativa del cambio? ¿Y si lo que necesitamos es más pausa, más continuidad?

Miro las caras alrededor del fuego. Cada persona procesa de forma diferente lo que hemos recorrido. Y eso está bien. Es necesario.

Una voz serena, con un ligero acento, se hace escuchar:

—En mi país hemos vivido transiciones que aquí aún no han llegado —dice Puente, con esa calma de quien traduce entre mundos—. Lo que ustedes llaman transformación, para mí es martes. Pero también veo que hay algo distinto en este momento: es la primera vez que los cambios son globales al mismo tiempo. Antes, lo que pasaba en un lugar tardaba décadas en llegar a otro. Ahora es simultáneo.

La conversación se anima. Una voz enérgica toma la palabra:

—¡Exacto! —exclama Aurora, con esa intensidad de quien no ha perdido la esperanza—. Y por eso no podemos permitirnos el lujo del escepticismo. Los límites planetarios no son una opinión, son física. La ventana para actuar se cierra. A veces tengo la sensación de que, mientras nosotros debatimos si el cambio es real, el planeta ya está respondiendo.

Un contrapunto analítico surge:

—Pero cuidado con la narrativa de urgencia —advierte Sistema, con ese hablar pausado de quien piensa en estructuras—. Durante años hemos formado líderes para gestionar crisis, no para navegar transformaciones sistémicas. El problema no es solo lo que está cambiando, sino que seguimos usando herramientas del siglo pasado para entender el presente.

Una voz tranquila, conectada con el territorio, cierra momentáneamente el círculo:

—En el pueblo vemos pasar las modas de pensamiento —dice Raíz, con esa parsimonia de quien ha visto muchas estaciones—. A veces pienso que el mundo de fuera corre mucho pero entiende poco. No digo que no haya cambios reales, pero quizá la clave no esté en correr más rápido, sino en enraizar mejor.

Escucho todas estas voces y siento algo que no esperaba: alivio. El viaje no puede ser solo mío. Las transformaciones que hemos explorado cobran sentido solo si empiezan a resonar en otros, si generan conversación, si despiertan tanto dudas como certezas.

Me quedo un momento contemplando el fuego y reflexiono: tal vez lo importante no sea convencer a nadie de que vivimos tiempos excepcionales, sino crear espacios donde podamos procesarlos juntos. Donde lo personal, lo local, lo técnico, lo político, lo emocional… dejen de estar tan separados.

Más allá de las plataformas y los populismos, lo que está en juego es nuestra capacidad de seguir siendo humanos mientras navegamos la incertidumbre. Esa es, al menos para mí, la única ventaja definitiva.

Mañana retomaremos el camino. Entraremos en las señales del presente. Pero esta noche nos llevamos el eco de estas voces que empiezan a tomar forma. Porque este viaje, ya lo sabemos, solo puede hacerse de la mano de otras personas.

ETAPA IV:
Señales del presente que marcan tendencia

Volvemos al presente, pero ya no somos los mismos.

El viaje por las transformaciones del siglo XXI nos ha dejado una certeza incómoda: no podemos leer el mundo de hoy con los marcos mentales de ayer. Hemos visto cómo la revolución tecnológica silenciosa redibuja las capacidades humanas. Hemos sentido el peso de los límites planetarios convertidos en urgencia real. Hemos rastreado el colapso del orden geopolítico que creíamos estable. Hemos reconocido que el liderazgo heredado ya no sirve para navegar la complejidad sistémica.

Al mirar atrás, no buscábamos nostalgia, sino perspectiva. Queríamos entender las raíces de este presente vertiginoso para poder leerlo mejor. Y funcionó. Porque ahora tenemos algo que no teníamos al comenzar: una brújula afinada para captar lo que se mueve en tiempo real.

Ahora sabemos que esas fuerzas que parecían separadas forman, en realidad, un sistema interconectado que está transformando la realidad ante nuestros ojos. Y esa comprensión cambia nuestra forma de mirar.

Ya no se trata de proyectar desde lo conocido, sino de anticipar desde las señales emergentes. De afinar la mirada para ver lo que todavía no tiene nombre pero ya está aquí. De desarrollar radares capaces de captar las convergencias antes de que se vuelvan evidentes.

El presente es el único territorio donde podemos actuar. Pero, para hacerlo bien, necesitamos aprender a leerlo de otra forma. Las lentes que hemos recogido en el viaje —las de la tecnología, la sostenibilidad, la geopolítica, el liderazgo, incluso nuestras propias contradicciones— nos permiten ver cosas que antes se nos escapaban. Lo que parecía disperso, ahora empieza a conectarse. Lo que parecía ruido, empieza a sugerir patrones. Lo que parecía anecdótico, empieza a marcar tendencia.

Pero también vemos mejor las brechas, las zonas ciegas, las decisiones que se están tomando sin considerar a quienes vivirán más tiempo con sus consecuencias. Por eso, antes de seguir hacia los escenarios futuros, necesitamos detenernos. Escuchar con más atención. Y entrenar una forma distinta de mirar el presente.

Aquí el *sherpa* se vuelve aprendiz. Ya no basta con la vista panorámica desde la cima. Hace falta detenerse, bajar al terreno, dejarse tocar por lo que se mueve a ras de suelo. Porque anticipar no es proyectar desde arriba, sino afinar la mirada allí donde se cruzan las huellas.

El liderazgo que se necesita no es el que impone rumbo desde un mapa trazado, sino el que se adapta escuchando el terreno, leyendo las grietas, reconociendo lo inédito. Esa es la tarea: sostener la visión sin perder la sensibilidad.

Vamos a desplegar cuatro radares para identificar las señales que ya se están formando. No son periscopios ni observatorios para mirar el final del camino, sino formas de captar los recorridos que nos parezcan más fértiles, más inquietantes o más urgentes.

Capítulo 11
Cómo leer el presente: señales y método

CUANDO EL FUTURO YA ESTÁ AQUÍ

En 1999, mientras Europa se preparaba para recibir el euro y el mundo temía el efecto 2000, dos estudiantes de Stanford registraron un dominio web llamado Google.com. Para la mayoría, era solo otra *startup* más en una época llena de experimentos digitales. Pero la señal estaba ahí: la búsqueda de información se estaba convirtiendo en la actividad humana más frecuente, y quien controlara esa puerta de acceso al conocimiento tendría un poder inmenso. Muy pocos lo vieron entonces.

SEÑALES

Las señales no siempre aparecen con el cartel de «futuro» colgado. A veces se disfrazan de anécdota; otras, de moda pasajera. Muchas se confunden con el ruido de fondo. Pero si algo he aprendido en este viaje, es que no basta con verlas: hay que saber leerlas.

Estamos de vuelta en el presente. Pero esta vez lo miramos con otras lentes: las que nos dejó el recorrido por las grandes transformaciones del siglo XXI y, sobre todo, las que ajustamos al mirar hacia atrás para entender desde dónde venimos. Esa ida y vuelta no ha sido nostálgica, sino estratégica: regresar al presente con una mirada más lúcida, más entrenada.

Lo que tenemos delante no son certezas, sino indicios. No tendencias confirmadas, sino impulsos que comienzan a tomar

95

forma. Las señales son fragmentos, desplazamientos, gestos pequeños. Algunas veces son disonancias: algo no encaja del todo. Otras, apenas se perciben como una anomalía, una rareza, una contradicción entre lo que vemos y lo que esperábamos ver. Pero es ahí donde empieza a hablar el presente.

Las señales no son datos ni modas. No se perciben en lo evidente, sino en lo que empieza a moverse por debajo. Las grandes transformaciones rara vez anuncian su llegada con claridad. Por eso, el gesto de leerlas requiere más sensibilidad que método. Más escucha que análisis. Es una forma de estar en el presente con los ojos, los oídos y la intuición bien atentos.

CONECTAR LOS PUNTOS

Ese es, quizá, el mayor cambio que estoy viviendo como *sherpa*: no solo mirar hacia delante, sino aprender a mirar de otra manera. No buscar confirmaciones, sino conexiones. No proyectar desde lo conocido, sino abrir espacio a lo que aún no tiene nombre.

Porque leer señales no es predecir. Es conectar los puntos que, si se miran por separado, parecen ruido, pero si se leen juntos, empiezan a dibujar un patrón. Un desplazamiento. Una posibilidad. Lo importante no es solo captar señales individuales, sino entrenarse para verlas en relación. El arte está en el trazo que las une, no en cada punto aislado.

Conectar puntos no es solo un acto analítico. Es también un gesto político. Porque anticipar lo que puede crecer —si no lo nombramos a tiempo— es una forma de cuidar lo que importa.

LOS RADARES

Para hacer esto, no propongo una receta ni un manual. Pero sí quiero compartir contigo una forma de observar que me está ayudando: desplegar lo que llamo radares. No son categorías cerradas ni herramientas técnicas, sino lentes, sensores, dispositivos narrativos que me ayudan a rastrear el terreno con más conciencia, sin pretender neutralidad. Cada radar escanea desde un lugar distinto, detecta señales débiles, capta contradicciones y amplía el campo de visión.

En esta parte del viaje vamos a activar cuatro radares. Uno de ellos, el radar demográfico, merece especial atención. No solo por lo que muestra en cifras, sino por la pregunta profunda que trae consigo: ¿quién está tomando hoy las decisiones más importantes del mundo?, ¿quién tiene voz?, ¿quién va a vivir más tiempo con las consecuencias?

Ya hemos hablado de liderazgo, pero ahora podemos ponerle rostro, tiempo y herencia. El radar demográfico no es solo una cuestión de edad; es una forma de mirar el poder, la representación, la responsabilidad intergeneracional. Nos obliga a hacernos cargo de las brechas que se amplían, del relevo que no llega, de la escucha que falta. Sin eso, cualquier forma de liderazgo se queda ciega.

Los otros tres radares —el tecnológico, el planetario y el geopolítico— completan el cuadro. No buscan confirmar lo que ya sabemos, sino desarmar nuestros supuestos. No nos dicen a dónde vamos, sino que nos obligan a mirar dónde estamos, qué se está moviendo, qué estamos dejando de ver. En cada uno encontraremos señales que no cuadran. Algunas parecerán anecdóticas; otras, exageradas. Pero todas, si se leen con atención, pueden decirnos algo que todavía no sabemos cómo nombrar.

LOS SESGOS

Claro que todo esto está atravesado por nuestros sesgos, porque no vemos el mundo tal como es, sino tal como somos. Nuestros marcos mentales filtran, recortan, desvían. Y el primer paso para leer mejor es hacernos conscientes de ello.

El sesgo de urgencia —ese que nos empuja a reaccionar antes de comprender— es uno de los más peligrosos. Pero también está el sesgo de saturación: creemos que, porque tenemos más información, entendemos más. Y no. A veces, más datos solo generan más ruido. También influye el sesgo cultural, generacional, emocional. Lo que nos incomoda, lo que no encaja en nuestro mapa, tendemos a descartarlo.

No se trata de eliminar los sesgos. Se trata de nombrarlos, de reconocer desde dónde estamos mirando, de aceptar que nuestra interpretación también es una forma de tomar posición. Leer no es una operación neutra.

EL PRESENTE COMO CAMPO DE BATALLA

Leer el presente es una tarea política y vital. Porque lo que no vemos, no lo transformamos. Y lo que no interpretamos, lo padecemos. Las señales están ahí, pero si no las leemos, otros las leerán por nosotros. Si no decidimos desde lo que intuimos, acabaremos reaccionando desde lo que nos impongan.

Este capítulo no pretende trazar un camino, solo tender un mapa abierto. Para que puedas leer el terreno con otros ojos, para que veas lo que está en juego sin esperar a que sea evidente. Porque el presente es un campo de batalla: no siempre visible, pero decisivo. Allí se juega lo posible, y también lo que no nos atrevemos aún a imaginar.

Capítulo 12
El radar demográfico: cuando el tiempo se reorganiza

Recordemos lo que vimos sobre liderazgo: las estructuras del siglo XX ya no funcionan porque fueron diseñadas para un mundo distinto. Pues bien, una de las señales más claras de este cambio sistémico está en cómo se reorganiza la pirámide de edad.

LA REVOLUCIÓN SILENCIOSA

En una oficina de Tokio, Hiroshi celebra su 75 cumpleaños rodeado de compañeros de trabajo que podrían ser sus nietos. No está pensando en jubilarse; acaba de ser ascendido a director de innovación. Su experiencia de cinco décadas se combina con las habilidades digitales de su joven equipo para crear productos que ningún grupo por separado podría imaginar.

En Barcelona, Carmen, de 82 años, comparte piso con tres veinteañeros en un espacio de *coliving* diseñado para fomentar el intercambio intergeneracional. Ella aporta estabilidad emocional y sabiduría práctica; ellos, energía y conocimiento tecnológico. Es un experimento que está siendo replicado en docenas de ciudades europeas.

En un pueblo de Zamora, María cuida de sus padres de 90 años mientras trabaja remotamente como consultora de sostenibilidad para empresas de medio mundo. Su casa rural se ha convertido en un centro o *hub* de cuidado y conocimiento que sería impensable hace una década.

En Ciudad del Cabo, Sipho, de 27 años, se forma como cuidador digital mientras acompaña a su abuela en casa, en un país donde la pirámide demográfica aún es joven, pero la longevidad empieza a transformar las estructuras familiares y sociales.

Estas no son anécdotas; son señales de la transformación demográfica más profunda que ha vivido la humanidad: el paso de una sociedad diseñada para jóvenes a otra diseñada para longevos.

De la pirámide al barril

Durante milenios, la estructura demográfica humana ha tenido forma de pirámide: muchos niños en la base, menos adultos en el medio, pocos ancianos en la cima. Toda nuestra organización social —desde los sistemas de pensiones hasta la estructura familiar, desde los modelos de carrera hasta la distribución del poder— se diseñó asumiendo esta forma.

Pero la pirámide se está convirtiendo en barril. Este desplazamiento no es exclusivo de Europa. Aunque los ritmos varían según las regiones, el envejecimiento demográfico y la pérdida del dividendo poblacional están reconfigurando estructuras en América, Asia y buena parte del mundo industrializado.

Para 2050, la población europea de 65 años o más pasará de 90,5 millones a 129,8 millones, un aumento del 43 %. Los mayores de 75 años crecerán un 56 %, mientras que los menores de 55 años se reducirán un 13,5 %. En España, la transformación es especialmente intensa: para 2053, la ratio de dependencia aumentará 27,2 puntos porcentuales, alcanzando el 53,8 %. Pero esta tendencia también tensiona a otras regiones: en Alemania se prevé la pérdida de hasta 11 millones de personas en edad laboral antes de 2050, mientras que en América Latina se acelera simultáneamente el envejecimiento y el éxodo de jóvenes cualificados.

Los números son solo la superficie. Lo que realmente está cambiando es el concepto mismo de edad, carrera, familia y ciclo de vida.

Longevidad no es solo vivir más

Una de las señales más importantes que observo es que la longevidad se está redefiniendo. No se trata solo de vivir más años, sino de vivir más años productivos, creativos y saludables.

La expectativa de vida global ha aumentado significativamente, aunque con disparidades: supera los 80 años en países de altos ingresos, pero permanece por debajo de 60 años en algunas naciones de bajos ingresos. Esto está reconfigurando profundamente tanto las políticas de salud como las estructuras laborales y familiares.

Más importante que los años ganados es la calidad de esos años. Los avances en biotecnología y medicina preventiva no solo están extendiendo la vida, sino también la «vida saludable». Una mayor inversión en sanidad está llevando al aumento de la esperanza de vida, con mejor calidad de envejecimiento, aumentando la edad de la población activa gracias a la biotecnología y salud preventiva.

Esto significa que conceptos como «jubilación a los 65» o «carrera de 40 años» se están volviendo obsoletos. Aparecen trayectorias vitales de 50 o 60 años de actividad, con múltiples reinvenciones profesionales, sabáticos para cuidado o formación, y modelos de trabajo que integran experiencia senior con energía junior.

En países como Dinamarca, la edad de jubilación ya se ha vinculado directamente con la esperanza de vida, y se proyecta que suba a los 69 años en 2035. Pero el cambio no es solo institucional: también es cultural. Una vida longeva requiere otra arquitectura mental, más flexible y más integradora.

Esta reorganización del tiempo vital da sentido a fenómenos como la *silver economy* o la profesionalización del cuidado. Por eso, antes de verlos como sectores o mercados, necesitamos entenderlos como respuestas al rediseño profundo del ciclo de vida.

La silver economy

Una sociedad de longevos no es una sociedad de dependientes. Es una sociedad con experiencia, recursos y tiempo. Y, cada vez más, con capacidad de decisión económica.

En 2023, la llamada «silver economy» —la economía de los mayores— ya movía más de 5,7 billones de euros solo en Europa. Si se mantiene su crecimiento, en 2025 podría superar los 6,4 billones: el equivalente a sumar tres economías como la de Francia.

En términos de empleo, se estima que hacia 2025 este ecosistema generará cerca de 90 millones de puestos de trabajo en la Unión Europea. Una cifra comparable al empleo formal de toda América Latina. Y eso sin contar el impacto indirecto en sectores como el turismo, la tecnología o el urbanismo.

La tendencia no es solo europea. En Japón y Corea del Sur, la longevidad está rediseñando desde los barrios hasta las cadenas de valor. En América Latina, donde el envejecimiento avanza más rápido de lo previsto, algunas ciudades empiezan a experimentar con soluciones que integran accesibilidad, cuidado y vínculo comunitario.

Los adultos mayores no solo viven más: también consumen más y de manera distinta. Buscan salud personalizada, experiencias culturales, tecnología útil, vínculos. No esperan que el sistema los atienda: quieren participar en su rediseño.

La *silver economy* ya no es un nicho. Es un motor que desafía prejuicios, reactiva sectores dormidos y exige nuevas formas de medir el valor.

La economía del cuidado

Paralelamente a la *silver economy*, emerge otro eje decisivo: la economía del cuidado. Durante décadas se mantuvo en la sombra —invisibilizada por su carácter femenino, doméstico o informal—, pero hoy se perfila como una infraestructura esencial del siglo XXI.

Según las proyecciones más consistentes, en 2030 harán falta 475 millones de nuevos empleos formales en actividades vinculadas al cuidado. Para dimensionarlo, equivale a sumar toda la población activa conjunta de Estados Unidos y Europa. Y si se consideran también las tareas de cuidado no remunerado —sostenidas mayoritariamente por mujeres—, el volumen asciende a casi 2000 millones de personas que cuidan a jornada completa en el mundo. Es decir, más que la población activa combinada de China e India.

Lo que antes se asumía como una responsabilidad familiar o un deber moral, hoy se empieza a reconocer como base del bienestar colectivo y como motor económico. En América Latina, muchas mujeres sostienen simultáneamente a tres generaciones —niños, mayores y personas enfermas— sin apoyo público suficiente. Algunas políticas avanzan, pero siguen lejos de lo que exige la realidad.

En Asia y Europa, el cruce entre envejecimiento, baja natalidad y transformación del trabajo ha colocado al cuidado en el centro de los debates estructurales. Aparecen nuevas profesiones, nuevos estándares laborales, nuevas formas de articular tecnología y proximidad. También nuevas tensiones: entre automatizar y acompañar, entre externalizar y reconocer, entre mercado y comunidad.

La economía del cuidado no es un complemento. Es un pilar. Y su fuerza no está solo en los números, sino en el tipo de sociedad que nos obliga a imaginar.

La fuerza demográfica de los jóvenes

A medida que se acelera el envejecimiento, la proporción de jóvenes en muchas sociedades disminuye de forma alarmante. No es que no estén —lo hemos visto desde el principio—, sino que ya no son suficientes para sostener los sistemas construidos sobre una estructura piramidal: muchos jóvenes en la base, menos adultos en el centro y pocos mayores arriba.

Ese equilibrio se ha roto. Y con él, tambalean los pilares que lo acompañaban: el sistema de pensiones, la renovación del mercado laboral, la representación generacional, el acceso a la vivienda, la innovación democrática. Porque cuando los jóvenes son minoría, también lo son sus intereses en las decisiones colectivas.

Pero esta escasez no es universal. Lo que ocurre es que la población joven está mal distribuida. En regiones como África o Asia meridional, los jóvenes no son minoría, sino mayoría absoluta. Más del 60 % de la población africana tiene menos de 25 años. Y en muchas ciudades de Asia, más de la mitad de sus habitantes tienen entre 15 y 35.

El problema es que esa juventud se concentra en lugares donde no siempre existen las condiciones económicas, educativas o institucionales para ofrecerles un futuro. Y eso está generando una presión migratoria sin precedentes: millones de jóvenes se están desplazando hacia regiones donde escasean, pero no siempre son bienvenidos.

Así, los jóvenes enfrentan un doble desafío: en unos territorios, son pocos y poco escuchados; en otros, son muchos pero sin oportunidades. Y en ambos casos, su capacidad para decidir sobre su futuro está limitada.

El resultado es una fractura global entre longevidad sin renovación y juventud sin destino. Una fractura que marcará el rumbo político, económico y social de las próximas décadas.

Las migraciones como reorganización global

La reorganización demográfica no ocurre solo dentro de las fronteras. Cada vez más, son las personas las que se mueven. En 2020, había más de 280 millones de migrantes internacionales; en 2022, los desplazados superaban ya los 117 millones. Y a esto se suman entre 44 y 216 millones de personas que podrían desplazarse dentro de sus propios países antes de 2050, empujadas por los efectos del cambio climático.

Este movimiento masivo no es un fenómeno transitorio. Es una reconfiguración sistémica: millones de personas jóvenes, en edad activa, se desplazan desde territorios donde sobran

—porque no encuentran oportunidades— hacia territorios donde faltan —porque no nacen suficientes—. Es una migración demográfica, no solo económica.

Europa vive este giro con especial intensidad. Sus sistemas de salud, de cuidado y de pensiones necesitan una base activa que ya no puede cubrirse con natalidad interna. Y, sin embargo, sus marcos legales, institucionales y culturales siguen anclados en una lógica de control más que de acogida.

Algunos países han comenzado a adaptarse. España, por ejemplo, ha flexibilizado sus leyes de residencia y ha establecido acuerdos de migración circular con países africanos como Gambia o Mauritania. Pero aún son medidas fragmentarias frente a una presión estructural.

Las migraciones están redibujando el mapa humano del siglo XXI. No solo cambian los acentos, los oficios o los barrios. Cambian las pirámides de edad, las estructuras familiares, los calendarios vitales, las proyecciones económicas y las preguntas políticas. Quién llega, cómo llega y, sobre todo, cómo es recibido, condiciona el futuro del sistema.

Esta movilidad masiva no solo transforma las poblaciones: también transforma los lugares. Las ciudades se expanden, se densifican o se vacían, según dinámicas que ya no responden a los modelos anteriores. Y eso nos lleva al siguiente radar: el de una urbanización que también se reorganiza.

Urbanización divergente

La reorganización demográfica también está redibujando el mapa urbano del planeta. No de forma homogénea, sino divergente. Mientras algunas ciudades se expanden aceleradamente, otras se vacían. Mientras unas se convierten en imanes de talento y capital, otras se enfrentan al envejecimiento y la despoblación.

Hoy, más de la mitad de la humanidad vive en ciudades. Para 2050, serán casi siete de cada diez personas. Pero ese crecimiento no sigue una lógica única. En Asia y África, la urbanización avanza a un ritmo vertiginoso, dando lugar a megaciudades con más de 30 millones de habitantes, como Delhi o Dhaka. En Europa, en cambio, muchas ciudades secundarias ganan protagonismo, mientras otras pierden población a un ritmo que obliga a repensar su viabilidad.

Las ciudades ya no crecen por inercia. Se transforman por desequilibrios demográficos, por reconfiguraciones del trabajo, por flujos migratorios e impactos climáticos. Lo urbano se vuelve múltiple: desde los *hubs* tecnológicos que concentran innovación y conectividad, hasta los núcleos envejecidos que necesitan rediseñar su oferta de servicios.

En América Latina, este fenómeno adopta formas propias. La urbanización ya es alta, pero sufre una fragmentación interna creciente: ciudades con centros consolidados y periferias colapsadas. El reto no es solo crecer, sino regenerar. Y hacerlo con equidad.

España no escapa a esta dinámica. Ciudades como Málaga o Valencia están atrayendo inversión y población joven, mientras otras zonas urbanas pierden vitalidad. La red urbana europea muestra una paradoja: el 40 % de sus áreas funcionales crecerán hasta 2050, pero el 10 % perderá más de una cuarta parte de su población.

Lo que emerge es una geografía urbana desigual, con nuevos polos de atracción y viejos centros que necesitan reinventarse. No se trata solo de cuántas personas viven en una ciudad, sino de quiénes, en qué condiciones y con qué vínculos.

Esta urbanización divergente no es solo un fenómeno espacial. Es una reorganización silenciosa de oportunidades, servicios, y representaciones. Y nos obliga a repensar lo que significa habitar, cuidar y planificar en un mundo donde el territorio ya no es estable, sino movedizo.

Nuevas arquitecturas familiares

La transformación demográfica está redefiniendo también las formas de convivir. El modelo familiar nuclear —padres e hijos viviendo bajo el mismo techo— ya no es el centro estructurante.

Aparecen nuevas configuraciones que responden a la longevidad, la escasez de jóvenes, las migraciones y los cambios en el acceso a la vivienda.

Una señal clara es el auge del *coliving*, que ha dejado de ser una fórmula juvenil para convertirse en una opción intergeneracional. En ciudades como Londres o Ámsterdam, casi el 40 % de la oferta de *coliving* se organiza en torno a espacios compartidos donde personas de distintas edades encuentran estabilidad, compañía y eficiencia económica.

Pero lo relevante no es solo compartir espacio, sino rediseñar vínculos. En los *colivings* intergeneracionales, los mayores aportan experiencia y tiempo disponible; los jóvenes, habilidades tecnológicas y vida activa. Esta convivencia genera beneficios mutuos que van más allá de la economía: rompe soledades, redistribuye cuidados, conecta ritmos vitales.

También empieza a extenderse el *co-ownership*: personas que no comparten parentesco pero sí proyecto de vida adquieren juntas una vivienda, especialmente en entornos urbanos donde la propiedad individual es cada vez menos accesible. Son familias extendidas, círculos de afinidad o amistades que deciden organizarse bajo otras lógicas de sostenibilidad vital.

Estas arquitecturas no son anecdóticas. Son señales de una reorganización profunda: del hogar como espacio privado al hogar como célula relacional diversa y adaptable. Y abren oportunidades para imaginar políticas de vivienda, cuidado y planificación urbana que acompañen este giro.

El contrato intergeneracional

El equilibrio entre generaciones ya no puede darse por hecho. Durante décadas funcionó un pacto implícito: los jóvenes sostenían el sistema con su trabajo y sus cotizaciones, y los mayores recibían seguridad y reconocimiento. Pero la combinación de envejecimiento acelerado, precariedad laboral y desajuste en la representación ha puesto ese acuerdo bajo tensión.

La clave ya no es solo económica, sino estructural. ¿Qué pueden esperar unos de otros en un contexto donde las trayectorias vitales se han vuelto más largas, más inciertas y más desiguales? En muchos países, los sistemas de pensiones, salud y cuidado están diseñados para una relación de dos trabajadores por cada persona jubilada. Pero esa ratio ya ha caído por debajo de 1,5 y seguirá bajando. Esto no solo compromete la sostenibilidad financiera: obliga a redefinir las responsabilidades compartidas.

Los jóvenes reclaman oportunidades reales y no solo cargas. Las personas mayores aspiran a seguir participando, no a quedarse apartadas. Y en medio, la pregunta no es quién cede más, sino cómo se redistribuyen los esfuerzos y los beneficios para que el vínculo entre generaciones siga siendo fuente de estabilidad, no de fractura.

Algunas iniciativas empiezan a explorar ese rediseño: desde presupuestos que integran el criterio generacional hasta espacios de gobernanza donde distintas edades deliberan juntas. Pero lo esencial no es tanto institucional como cultural: necesitamos una nueva narrativa del tiempo, del aporte y del cuidado.

Más que un contrato cerrado, se trata de abrir un marco de corresponsabilidad flexible, justo y adaptado a la realidad de hoy. Porque si no somos capaces de sostenernos entre generaciones, tampoco podremos imaginar un futuro que valga la pena habitar.

Capítulo 13
El radar tecnológico: cuando las máquinas cambian los marcos

En la Etapa III exploramos la revolución invisible de la digitalización y su impacto en las capacidades humanas. Ahora necesitamos captar hacia dónde nos lleva esta transformación que apenas estamos empezando a comprender.

INFRAESTRUCTURAS TECNOLÓGICAS EMERGENTES

Lo que define este momento tecnológico no es solo la aparición de herramientas nuevas, sino la forma en que distintas tecnologías están convergiendo para crear infraestructuras invisibles que ya reorganizan el presente. No están en el horizonte: ya están en marcha. Y cada una de ellas está activando una señal distinta sobre lo que puede cambiar.

La inteligencia artificial generativa es quizá la más visible. A diferencia de otras formas de IA centradas en clasificar, optimizar o predecir, esta genera contenido nuevo: textos, imágenes, código, voz, decisiones. Su capacidad para replicar lenguaje humano está alterando ya la escritura profesional, la atención al cliente, la producción audiovisual, la educación y, de forma incipiente, la gestión del conocimiento. Lo que era creativo y exclusivo empieza a volverse automático y replicable. La señal es clara: la frontera entre producción humana y automatización simbólica se está desplazando.

La computación cuántica representa un salto radical en la forma de procesar información. En lugar de operar con bits que valen cero o uno, usa *qubits* que pueden estar en múltiples estados a la vez. Aunque aún está en fase experimental, ya se aplica en simulación de materiales, química cuántica o modelado de sistemas complejos, como redes logísticas o climáticas. No se trata solo de hacerlo más rápido, sino de hacerlo posible. La señal aquí no es de velocidad, sino de ampliación de lo computable.

La biotecnología de edición genética —como CRISPR— permite modificar el ADN de organismos vivos con precisión. Se utiliza para tratar enfermedades, mejorar cultivos y diseñar microorganismos a medida. Pero también plantea dilemas sobre la intervención en la vida desde la base. Lo que era propio de la naturaleza, ahora es materia de diseño. La señal es inquietante y potente: no solo entendemos la vida, ahora la reescribimos.

La sensórica ambiental y personal está creando redes de datos permanentes sobre el entorno y los cuerpos. Sensores en cultivos que anticipan plagas o sequías, pulseras que detectan signos vitales, edificios que monitorizan su propio estado energético. Estos datos no se quedan en los dispositivos: alimentan modelos que predicen, deciden y ajustan. La señal es de desplazamiento: lo físico se convierte en digital, y lo digital en infraestructura invisible.

Los materiales inteligentes son otra frontera menos visible pero transformadora. Hablamos de tejidos que se autorregulan térmicamente, de superficies que se reparan solas, de estructuras que responden al entorno sin necesidad de intervención. En arquitectura, transporte o medicina, los materiales dejan de ser un soporte pasivo para convertirse en agentes activos. La señal es de autonomía material: la tecnología ya no necesita carcasa, se encarna.

Estas tecnologías no operan solas: se combinan, se retroalimentan, se aceleran entre sí. Y lo hacen sobre una infraestructura digital que ya no se ve, pero que decide. Entenderlas no es solo seguir sus avances, es saber qué están reorganizando ya.

CAMBIO DE ESCALA Y FORMAS DE DISTRIBUCIÓN

Uno de los cambios más determinantes no está en las tecnologías en sí, sino en la forma en que se despliegan. Lo que antes exigía grandes infraestructuras ahora se distribuye en red, a pequeña escala, con capacidad de adaptación local. La señal no es solo de expansión, sino de descentralización.

El *edge computing* —o computación en el borde— permite procesar datos allí donde se generan, sin necesidad de enviarlos a centros lejanos. Esto reduce latencia, ahorra energía y hace posible que decisiones inteligentes se tomen en tiempo real, cerca del punto de acción. Hoy ya se usa en movilidad urbana, agricultura de precisión, redes eléctricas inteligentes o atención sanitaria remota. Lo importante no es solo la rapidez: es la autonomía local. La señal es clara: la inteligencia se distribuye.

Los sistemas de inteligencia artificial ligeros —modelos entrenados globalmente pero desplegados localmente— permiten aplicar capacidades avanzadas sin depender de grandes infraestructuras ni del consumo masivo de datos. Se están usando en dispositivos de bajo coste para educación personalizada, análisis de imagen médica y sistemas de alerta temprana ante riesgos ambientales. Esto abre la puerta a una IA más accesible, útil y adaptada a contextos concretos. La señal es de apropiación: la inteligencia deja de ser centralizada.

La eficiencia energética se convierte en criterio de diseño, no solo de rendimiento. Nuevos chips adaptativos, algoritmos menos dependientes de datos masivos, refrigeración pasiva en centros de datos o soluciones *low-tech* en contextos rurales están marcando un giro importante. Ya no se trata solo de innovar más, sino de innovar mejor: con menos impacto, más resiliencia y menor dependencia. La señal aquí es de sostenibilidad técnica.

También está cambiando la forma de escalar. Frente al modelo vertical de grandes plataformas que expanden su dominio, aparecen arquitecturas modulares: soluciones pequeñas, replicables, que se integran como capas. Se ven en ciudades que desarrollan sus propios sistemas de gestión energética, escuelas que personalizan su entorno digital o cooperativas que diseñan sus propios protocolos de datos. La señal es de flexibilidad: el escalado se hace por proximidad, no por centralización.

Este cambio de escala no elimina la complejidad, pero sí la redistribuye. Exige nuevas competencias, nuevas formas de gobernanza y nuevos pactos sobre los límites y las reglas del juego. No es solo una revolución tecnológica. Es una reorganización del dónde, del cómo y del para quién.

APLICACIONES CRÍTICAS Y TENSIONES EN EL USO

La incorporación de tecnologías emergentes no ocurre en el vacío. Se despliegan en ámbitos sensibles —salud, educación, seguridad, alimentación, energía— donde no solo resuelven problemas, sino que reconfiguran relaciones, responsabilidades y derechos. En cada uno de estos sectores, ya se están activando tensiones que no son futuras: son presentes.

En salud, los algoritmos ya toman decisiones clínicas. Sistemas de IA priorizan listas de espera, analizan imágenes médicas, sugieren tratamientos o monitorizan constantes vitales a distancia. Esto mejora la cobertura y la eficiencia, pero también desplaza el criterio profesional, crea dependencia tecnológica y genera nuevos sesgos. ¿Quién valida el dato? ¿Qué hacer cuando el sistema acierta pero nadie entiende cómo? La señal aquí es de una sustitución parcial del juicio humano.

En educación, el aprendizaje adaptativo y las plataformas de personalización masiva ya están alterando la relación entre docente, estudiante y conocimiento. Modelos de IA definen ritmos, recomiendan contenidos y el miden progreso en tiempo real. Esto permite responder a la diversidad, pero también puede homogeneizar el proceso y reducir la capacidad crítica. La señal es ambigua: más eficiencia, pero riesgo de empobrecimiento formativo.

En seguridad y gestión urbana, la analítica predictiva anticipa movimientos, clasifica comportamientos y automatiza respuestas. Desde cámaras inteligentes hasta sistemas de detección de anomalías en transporte o infraestructuras, estas tecnologías prometen orden y prevención. Pero también introducen nuevos sesgos, formas de vigilancia invisibles y zonas grises de responsabilidad. La señal es de control anticipado: se actúa antes de que pase, pero sin consensos claros.

En alimentación y agroecología, los sensores, drones y modelos de optimización están transformando prácticas agrícolas, ganaderas y de distribución. Esto mejora los rendimientos y permite avanzar en sostenibilidad, pero también desplaza saberes tradicionales y concentra la propiedad de los sistemas tecnológicos. La señal es de reconfiguración del territorio productivo.

En energía, las redes inteligentes permiten una gestión distribuida, optimizan el uso de fuentes renovables y permiten anticipar consumos. Pero también dependen de plataformas de datos que pueden no ser públicas ni estar controladas por quienes las usan. La señal es de vulnerabilidad tecnológica: mayor resiliencia ecológica, pero posible fragilidad digital.

En todos estos ámbitos, lo decisivo ya no es solo la tecnología en sí, sino quién la diseña, con qué criterios, bajo qué condiciones de uso y con qué niveles de transparencia. Lo que está en juego no es solo la funcionalidad, sino la agencia: la capacidad real de las personas y las comunidades para entenderlas, decidir sobre ellas y actuar con autonomía. Eso es lo que define hoy el poder: no el acceso a la tecnología, sino la posibilidad de orientarla.

LA DISPUTA POR EL PROPÓSITO TECNOLÓGICO

Las tecnologías emergentes no solo amplían capacidades: abren disputas sobre su sentido. Las mismas herramientas pueden aplicarse para regenerar sistemas vivos, intensificar la extracción de recursos o reforzar dinámicas de control social. No es una cuestión abstracta. Ya está ocurriendo. Y la señal más relevante no está en la herramienta, sino en la lógica que la orienta.

En un extremo, se están desarrollando tecnologías orientadas a la regeneración: plataformas de datos abiertos para la restauración ecológica, sensores climáticos de bajo coste para anticipar incendios o sequías, sistemas colaborativos de movilidad compartida o energía distribuida. Son ejemplos de una inteligencia aplicada al sostenimiento de la vida, no a su extracción.

En otro extremo, proliferan arquitecturas diseñadas para la maximización de beneficios mediante la extracción continua de atención, datos o recursos. Algoritmos opacos que alimentan burbujas informativas, modelos predictivos de consumo que erosionan el criterio individual, dispositivos que priorizan la captación sobre el cuidado. La lógica aquí no es regenerar, sino explotar.

Y en un tercer eje emergen sistemas orientados al control: cámaras con reconocimiento facial en espacios públicos, análisis de emociones para vigilancia laboral o educativa, puntuaciones sociales automatizadas, clasificaciones algorítmicas para priorizar el acceso a derechos o servicios. No se trata de ciencia ficción. Son tecnologías ya en marcha, en distintas geografías, con grados diversos de aceptación social.

Estas tres lógicas —regenerar, extraer, controlar— no están separadas. Se entrecruzan, a veces en una misma aplicación. Lo que importa es visibilizar que la dirección no es neutra. Cada decisión de diseño, cada inversión pública o privada, cada marco regulatorio, cada forma de uso cotidiano inclina la balanza hacia un futuro u otro.

El propósito no es un añadido ético: es el centro del radar.

LA REDEFINICIÓN DE CAPACIDADES HUMANAS

Quizá la señal más profunda no está en las tecnologías, sino en lo que nos obligan a reconsiderar sobre nosotros mismos. Porque, si las máquinas aprenden, predicen, generan y deciden..., ¿qué queda en manos humanas? ¿Y cuáles son las funciones que merece la pena proteger, cuidar o reivindicar?

La automatización no solo sustituye tareas, sino que también reordena jerarquías de valor. Aquello que es medible, escalable y repetible gana visibilidad. Lo que necesita contexto, vínculo o juicio tiende a quedar oculto o despriorizado. Y eso afecta a dimensiones esenciales de la vida: cuidar, educar, deliberar, imaginar, reparar.

En algunos sectores, el riesgo es la pérdida directa de empleos. Pero en muchos otros, el riesgo es más sutil: que se vacíen de sentido ciertas funciones, que se normalice la dependencia opaca y que se desactiven capacidades críticas.

La pregunta ya no es qué tareas se automatizan, sino qué capacidades queremos mantener como humanas y cómo las cultivamos, reconocemos y protegemos en entornos crecientemente mediados por sistemas inteligentes.

En un mundo donde la tecnología avanza por capas invisibles, la capacidad de mantener criterio, de ejercer juicio, de sostener vínculos y de dar sentido a lo que hacemos se convierte en un bien escaso y, por tanto, estratégico.

No se trata de resistir al cambio. Se trata de definir qué tipo de humanidad queremos reforzar a medida que el entorno se transforma.

Capítulo 14
El radar planetario: cuando la Tierra pone límites

Vimos en Sostenibilidad cómo hemos superado límites que creíamos lejanos. Lo que antes eran proyecciones se ha convertido en realidad presente. El radar planetario nos ayuda a leer las señales de un planeta que ya está respondiendo a nuestras acciones.

PRESIÓN ACUMULADA SOBRE LOS SISTEMAS FÍSICOS Y BIOLÓGICOS

Los sistemas que sostienen la vida están bajo presión acumulada. Ya no se trata de predicciones sobre posibles colapsos futuros, sino de señales actuales que muestran cómo esa presión se manifiesta en territorios concretos, de forma simultánea y creciente.

Uno de los cambios más graves es la superación de límites planetarios. Algunos, como el cambio climático y la pérdida de biodiversidad, ya han sido ampliamente visibilizados. Pero otros, igual de críticos, pasan más desapercibidos: la alteración del ciclo del nitrógeno y del fósforo, el colapso de ecosistemas acuáticos, la erosión acelerada de los suelos fértiles. Estos procesos se refuerzan entre sí. Ya no actúan de forma aislada.

Por ejemplo, la pérdida de polinizadores en amplias regiones agrícolas no solo amenaza la producción de alimentos, sino que también compromete la regeneración natural de especies vegetales. El agotamiento de acuíferos en zonas de alta presión demográfica ya está obligando a repensar la viabilidad de ciertas ciudades. La desaparición de humedales y bosques ribereños modifica los microclimas regionales, altera los ciclos del agua y multiplica el riesgo de incendios.

Estas señales no son nuevas. Lo que cambia es su frecuencia, su intensidad y su carácter interdependiente. Ya no hablamos de impactos localizados, sino de dinámicas sistémicas. Lo que ocurre en una cuenca hídrica puede alterar cadenas de suministro globales. Lo que se rompe en un ecosistema puede detonar efectos en cascada sobre la salud, la alimentación o la estabilidad social.

El planeta está entrando en una fase en la que la regeneración natural ya no ocurre a tiempo para compensar la extracción. Eso cambia la ecuación: pasamos de gestionar recursos a gestionar límites. Y los límites no se negocian.

RECONFIGURACIÓN CLIMÁTICA: DE PROYECCIONES A IMPACTOS

La crisis climática ha dejado de ser una advertencia proyectada al futuro. Ya no hablamos de escenarios hipotéticos; hablamos de impactos reales, visibles y, en muchos casos, acumulativos. El planeta está respondiendo a las alteraciones humanas con eventos que se intensifican y aceleran.

Las señales más evidentes están en la frecuencia e intensidad de fenómenos extremos: olas de calor que rompen récords históricos año tras año; incendios forestales en zonas donde antes eran impensables; lluvias torrenciales seguidas de sequías prolongadas; migraciones climáticas en aumento. Pero también hay señales más sutiles, igual de importantes: el cambio en los patrones de estaciones, la aparición de plagas en zonas nuevas y la alteración del comportamiento de especies.

Uno de los efectos más preocupantes es la desincronización de los ciclos naturales: cultivos que florecen antes de tiempo y se pierden por heladas tardías; especies migratorias que llegan cuando el ecosistema ya ha cambiado; sistemas agrícolas y ecológicos que dejan de coordinarse con el clima que los sostuvo durante siglos. La señal no es solo de calentamiento: es de desajuste.

También se intensifican los impactos urbanos: ciudades que no estaban preparadas para lluvias extremas sufren inundaciones recurrentes; infraestructuras térmicas colapsan ante olas de calor prolongadas. La isla de calor urbana ya no es una metáfora, es una diferencia real de hasta cinco grados entre barrios. Esto genera desigualdad climática: no todos los territorios sufren igual ni todos los cuerpos resisten del mismo modo.

Lo más relevante es que el clima ya no cambia de forma gradual. Lo hace por saltos, por umbrales que se cruzan sin aviso. Las decisiones de hoy no solo mitigan o agravan el problema; también determinan con qué margen llegaremos al siguiente umbral y quién podrá adaptarse a tiempo.

REGÍMENES DE PRODUCCIÓN Y CONSUMO EN CRISIS ESTRUCTURAL

Durante décadas, los sistemas económicos se sostuvieron sobre una lógica extractiva que asumía abundancia, linealidad y externalización de impactos. Extraer, producir, consumir y desechar fue el modelo dominante. Pero esa estructura ya no se sostiene, no porque hayamos cambiado voluntariamente, sino porque el planeta y los ciclos materiales han empezado a imponer sus propios límites.

Una de las señales más visibles es el agotamiento de recursos clave. El agua dulce se está convirtiendo en un factor de disputa en zonas agrícolas, industriales y urbanas. La extracción de minerales estratégicos —como litio, cobalto o tierras raras— para la transición energética reproduce dinámicas coloniales y genera nuevos conflictos socioambientales. El suelo fértil desaparece a un ritmo diez veces superior al de su regeneración natural. La presión sobre los océanos, por sobrepesca y contaminación, compromete la base alimentaria de millones de personas. Pero no se trata solo de escasez. Se están produciendo reacciones desde dentro del propio sistema: empresas que replantean sus cadenas de suministro por disrupciones climáticas; ciudades que cambian sus normativas para restringir materiales contaminantes; agricultores que abandonan monocultivos por inviabilidad económica o hídrica. La señal no es de transformación planificada, sino de respuesta forzada.

Al mismo tiempo, aparecen nuevas prácticas que intentan construir otra lógica: modelos de economía circular, que reducen residuos y prolongan ciclos de uso; experiencias de relocalización productiva, que acortan distancias entre producción y consumo; propuestas de bioeconomía que buscan regenerar en lugar de explotar. Ninguna de estas prácticas es aún dominante, pero todas están en marcha, y algunas ya están escalando.

Lo que se está fracturando es el propio metabolismo de la economía industrial. Y eso abre un campo de disputa sobre qué producimos, cómo lo hacemos, para qué lo hacemos y quién decide sobre el uso de los recursos comunes. La sostenibilidad...

INFRAESTRUCTURAS DE SOSTENIBILIDAD: SEÑALES DE ADAPTACIÓN ACTIVA

Frente a la presión acumulada sobre los sistemas ecológicos y los límites de los modelos productivos actuales, empiezan a aparecer infraestructuras que no solo mitigan impactos, sino que ensayan nuevas formas de habitar y sostener la vida. No son soluciones cerradas. Son señales de adaptación activa.

Una de las transformaciones más significativas está ocurriendo en el ámbito energético. Se acelera el despliegue de redes distribuidas, basadas en fuentes renovables, que permiten generar, almacenar y compartir energía a escala local. Microrredes gestionadas por comunidades, cooperativas solares, baterías domésticas inteligentes y sistemas de intercambio entre edificios se están consolidando en barrios, pueblos y ciudades. Esto no solo cambia la fuente de energía, sino también su gobernanza. La señal es clara: la energía puede dejar de ser solo un bien centralizado y convertirse en una infraestructura cívica.

En el ámbito urbano, algunas ciudades están rediseñando sus sistemas en clave de mitigación y adaptación: corredores verdes que reducen islas de calor, gestión hídrica basada en captación y retención, infraestructuras blandas que protegen frente a inundaciones. Pero también tecnologías integradas: sensores que ajustan el consumo energético según condiciones reales, materiales que responden al entorno, plataformas ciudadanas de monitoreo ambiental. La ciudad inteligente ya no se define por la conectividad, sino por su capacidad de adaptarse sin destruir.

En agricultura, la incorporación de prácticas regenerativas apoyadas por tecnología está creciendo: sensores que evalúan humedad y nutrientes del suelo en tiempo real, mapas de carbono orgánico para orientar la rotación de cultivos, herramientas de predicción meteorológica localizada, estrategias de diseño agroecológico que combinan saberes tradicionales y datos de precisión. El objetivo no es solo producir más con menos, sino regenerar ciclos ecológicos fundamentales.

También emergen nuevas propuestas materiales: bioconstrucción basada en residuos orgánicos, biofabricación de textiles con menor huella, sustitución de derivados del petróleo por compuestos biodegradables. Son señales incipientes, aún marginales, pero que apuntan a una economía donde la innovación no se mide solo en eficiencia, sino en capacidad regenerativa.

Estas infraestructuras aún conviven con sistemas que las bloquean o absorben. Pero su aparición repetida en distintos territorios, contextos y escalas muestra algo importante: no estamos ante una resistencia aislada, sino ante una reorganización en marcha. Aún frágil, pero cada vez más conectada.

TENSIONES Y DISPUTAS POR LA GOBERNANZA DEL PLANETA

La acción climática ya no depende solo de acuerdos entre Estados. Cada vez más, se convierte en un campo de disputa entre múltiples actores con intereses, escalas y capacidades muy distintas. La gobernanza del planeta ya no ocurre solo en cumbres globales; ocurre en alianzas locales, en estrategias empresariales, en litigios judiciales, en pactos comunitarios, en acuerdos comerciales, en boicots organizados y en la falta de coordinación entre todos ellos.

Una de las señales más claras es la fragmentación del régimen multilateral. Mientras los acuerdos internacionales avanzan lentamente y sin mecanismos vinculantes, las ciudades, las regiones, las empresas y las redes ciudadanas impulsan acciones más ágiles, aunque a menudo descoordinadas. Ciudades que se comprometen a reducir emisiones antes que sus propios países; empresas que se autoimponen estándares de carbono más exigentes que las normativas; comunidades indígenas que establecen protocolos de protección de sus territorios más sólidos que los marcos nacionales.

También se intensifica la geopolítica del clima. Países con alta vulnerabilidad climática —en especial del Sur Global— están reclamando con más fuerza un reparto justo de responsabilidades, recursos y capacidades. La noción de «justicia climática» deja de ser un concepto normativo para convertirse en exigencia diplomática, legal y financiera. Se multiplican los litigios por inacción climática, por pérdida y daño, por derechos ambientales, algunos de ellos con sentencias que ya empiezan a cambiar políticas públicas.

Surgen nuevas alianzas que desbordan los marcos clásicos: consorcios de países afectados por la subida del nivel del mar, corredores energéticos regionales, pactos entre ciudades costeras para compartir datos y soluciones, redes de universidades o cooperativas energéticas que impulsan estándares propios. Esto produce una paradoja: nunca ha habido tanta actividad climática… ni tanta dificultad para articular una estrategia común.

El resultado es un escenario donde la acción no está ausente, pero sí desordenada. Y esa dispersión crea una tensión central: quién decide la dirección del cambio, bajo qué legitimidad y con qué herramientas de seguimiento. La señal no es solo de disputa por el qué hacer, sino también por el quién decide y el cómo se implementa.

Capítulo 15
El radar geopolítico

El colapso del orden geopolítico que analizamos no es solo historia reciente: está redibujando el presente en tiempo real. Las señales de reconfiguración del poder global aparecen cada día con nuevas formas que necesitamos aprender a interpretar.

REDISTRIBUCIÓN DEL PODER GLOBAL

La geopolítica ya no se organiza en torno a un eje dominante. El mundo que giraba alrededor de un centro hegemónico —político, económico, normativo— ha dado paso a un escenario más denso y fragmentado. Las señales de esa redistribución ya están activas: nuevas rutas comerciales, inversiones cruzadas, alianzas estratégicas y disputas por el control de tecnologías clave.

Estados Unidos conserva influencia, pero ha dejado de ser el único referente. Su estrategia ya no se basa solo en liderazgo global, sino en la defensa de su soberanía industrial, su autonomía digital y su control sobre cadenas estratégicas. Eso ha transformado su posición: menos apertura, más contención.

China ha consolidado su poder económico y tecnológico, y extiende su influencia a través de infraestructuras, plataformas financieras y diplomacia directa, especialmente en Asia, África y América Latina. Su modelo no compite solo en términos comerciales, sino también en el plano institucional.

India emerge como un actor con autonomía estratégica, capaz de equilibrar múltiples alianzas sin alinearse del todo con ningún bloque. Es un polo tecnológico, demográfico y geopolítico, con creciente protagonismo en foros globales.

Europa no lidera por peso militar ni por volumen productivo, pero se posiciona como potencia normativa. A través de la regulación tecnológica, la diplomacia climática, los marcos legales y el comercio, busca sostener una influencia basada en valores, reglas y estándares. Su desafío es convertir esa capacidad reguladora en relevancia estratégica.

En paralelo, potencias intermedias —como Brasil, Turquía, Indonesia, Sudáfrica o México— ganan protagonismo regional y capacidad para articular posiciones propias. No son bisagras entre bloques: son nodos de decisión.

La señal que emerge es una: el poder global ya no se define por hegemonía, sino por interdependencias. Se disputa en múltiples planos —productivo, financiero, normativo, tecnológico y simbólico—, y no se ordena: se negocia, se tensiona, se desborda.

FRACTURAS EN LOS MARCOS MULTILATERALES

Las instituciones que durante décadas ordenaron las relaciones internacionales muestran señales de fatiga. Los foros multilaterales tradicionales —como la ONU, la OMC o el FMI— mantienen formalmente su papel, pero han perdido capacidad real de coordinación, mediación y respuesta.

Los grandes acuerdos se bloquean por intereses cruzados. Las decisiones se ralentizan, se diluyen o se desvían hacia espacios más acotados. El consenso global se vuelve más difícil justo cuando más necesario sería. Y eso ha abierto la puerta a otra lógica: la del minilateralismo.

Cada vez son más frecuentes las alianzas funcionales entre países que comparten un objetivo común: energías limpias, regulación tecnológica, defensa digital, comercio estratégico. Son acuerdos entre pocos, pero operativos. Y aunque permiten avanzar, también fragmentan el tablero: multiplican las normas, duplican los estándares y tensionan las reglas compartidas.

Aparecen también marcos de acción climática paralelos al sistema de Naciones Unidas: coaliciones de países vulnerables, pactos entre ciudades, redes financieras que se autoimponen criterios ESG y foros sobre pérdida y daño con formatos híbridos. La diplomacia climática ya no se juega solo en las COP, sino en una multitud de espacios.

En seguridad y defensa, la OTAN se reactiva, pero surgen también alianzas regionales nuevas o reforzadas: QUAD, AUKUS, tratados bilaterales y redes de ciberdefensa. La arquitectura global ya no tiene un centro ni una jerarquía clara: tiene capas superpuestas, con zonas de cooperación y zonas de vacío.

La señal que se repite es la misma: el multilateralismo clásico no se ha roto del todo, pero se ha vuelto insuficiente. Y en ese vacío proliferan espacios de decisión que escapan a los marcos institucionales conocidos: alianzas estratégicas entre potencias sin procesos abiertos, consorcios privados que imponen estándares globales sin control público, foros de poder donde las voces más vulnerables no están representadas. La arquitectura global ya no se decide solo en la ONU o en la OMC, sino también en cumbres cerradas, tratados bilaterales o marcos corporativos. Y eso deja fuera a quienes más necesitan ser escuchados.

SEGURIDAD AMPLIADA Y CONFLICTOS HÍBRIDOS

La seguridad ya no se mide solo en términos militares. Las señales más relevantes del presente apuntan a una expansión del concepto: se vuelve multidimensional. Hoy hablamos de seguridad energética, alimentaria, climática, digital y sanitaria; no como temas sectoriales, sino como factores que determinan la estabilidad o la vulnerabilidad de territorios enteros.

El acceso estable a la energía es ya una cuestión de soberanía. La guerra en Ucrania aceleró una reconfiguración del mapa energético global que todavía está en curso. Pero, más allá de los choques geopolíticos, la transición energética también genera nuevas dependencias: litio, cobalto, tierras raras, capacidad industrial y tecnologías de almacenamiento. Lo que antes se medía en barriles, ahora se mide en chips, baterías y acuerdos comerciales.

La seguridad alimentaria se ve amenazada por múltiples factores simultáneos: sequías, conflictos, disrupciones logísticas, concentración de mercados y volatilidad financiera. Algunos países ya han activado restricciones a la exportación de alimentos estratégicos; otros desarrollan reservas soberanas. Se ensayan mecanismos de estabilización entre regiones. La señal es clara: la alimentación vuelve a ser un factor geopolítico.

En el plano digital, se multiplican los ataques a infraestructuras críticas, las campañas coordinadas de desinformación, la manipulación de datos y el espionaje económico. Ya no se trata solo de ciberseguridad técnica, sino de una guerra informativa en tiempo real, donde las fronteras entre ataque y narrativa, entre sabotaje y persuasión, se vuelven difusas.

En este escenario, los conflictos también cambian de forma. Aparecen conflictos híbridos: sin declaración formal, sin un campo de batalla único, con actores estatales y no estatales, y con impactos que se sienten mucho antes de que se identifiquen. Ciberataques que paralizan hospitales. Campañas digitales que alteran elecciones. Restricciones estratégicas que asfixian economías enteras sin un solo disparo.

Todo esto convive con conflictos convencionales, muchos de ellos enquistados en zonas periféricas, donde se cruzan disputas por recursos, identidades, poder político y acceso a servicios básicos. En muchos casos, son conflictos invisibilizados, pero que siguen generando desplazamientos, crisis humanitarias y desestabilización regional.

La seguridad ya no es solo una competencia nacional; es una red interdependiente. Y lo que se considera amenaza o protección varía según el lugar que ocupas en esa red.

EL PESO CRECIENTE DEL SUR GLOBAL

Durante décadas, el Sur Global fue tratado como escenario de intervención, ayuda o externalización de riesgos. Hoy empieza a ocupar otro lugar: el de actor activo en la reconfiguración del sistema internacional. No se trata de una homogeneización, sino de una multiplicidad de posiciones que, aunque distintas, comparten una señal común: ya no se limitan a recibir agendas, ahora las disputan.

Uno de los ámbitos más visibles es el de la acción climática. Países altamente vulnerables están reclamando con más fuerza su lugar en las decisiones globales. No solo exigen financiación, sino también voz efectiva en la definición de las reglas. El debate sobre «pérdidas y daños», el impulso a la justicia climática y la creación de fondos soberanos para transición energética en África o América Latina son señales de una diplomacia climática más articulada y estratégica.

También se reorganizan bloques regionales. La Unión Africana gana peso político y financiero, impulsa mercados internos y negocia con otros actores desde posiciones más cohesionadas. En Asia, la ASEAN fortalece su autonomía frente a la rivalidad entre China y Estados Unidos. En América Latina, aunque con ritmos desiguales, se reactivan mecanismos de integración energética, sanitaria y tecnológica, con voluntad de cooperación horizontal.

En lo económico, las rutas comerciales se diversifican. China, India y otros actores asiáticos consolidan relaciones con África y América Latina más allá de la exportación de materias primas. Se ensayan monedas digitales soberanas. Aumentan los vínculos sur-sur en investigación, energía, infraestructura y salud.

También emerge con fuerza una disputa por los marcos normativos. Países del Sur Global cuestionan el monopolio regulador de Occidente en ámbitos como la gobernanza digital, la propiedad intelectual, los estándares de datos o los mecanismos de evaluación financiera. No se trata solo de buscar reconocimiento, sino de proponer otras lógicas de regulación adaptadas a realidades distintas.

La señal es nítida: el Sur Global ya no es solo campo de influencia; es parte activa de la arquitectura global. Su peso no se mide solo en PIB o capacidad militar, sino en número de habitantes, juventud demográfica, recursos estratégicos y, sobre todo, en capacidad para condicionar acuerdos, proponer modelos y generar legitimidad.

ESTADOS Y ACTORES NO ESTATALES: UNA GOBERNANZA DIFUSA

La soberanía estatal ya no es el único marco para entender el poder. En el tablero actual, actores no estatales —corporaciones tecnológicas, plataformas digitales, redes descentralizadas, ciudades globales, comunidades indígenas organizadas, alianzas ciudadanas— asumen funciones que antes estaban reservadas a los Estados. La gobernanza del sistema internacional se ha vuelto difusa, asimétrica e inestable.

Las grandes plataformas tecnológicas ya operan como infraestructuras globales. Gestionan información, definen reglas de interacción, establecen criterios de visibilidad, filtran contenidos y condicionan decisiones públicas. Lo hacen a escala planetaria, con capacidad operativa propia, pero sin estar sujetas a mecanismos públicos de legitimación, rendición de cuentas o participación democrática. En muchos casos, sus decisiones afectan más a la vida cotidiana que las de los gobiernos.

Las ciudades también han ganado protagonismo geopolítico. Actúan como nodos diplomáticos, diseñan sus propias estrategias climáticas, energéticas o digitales, y establecen alianzas directas con otras ciudades del mundo. En materia ambiental, por ejemplo, muchas urbes han adoptado metas más ambiciosas que los propios Estados. La diplomacia subnacional se convierte así en un espacio real de incidencia.

En paralelo, comunidades organizadas —indígenas, campesinas, migrantes, feministas, científicas— están generando marcos alternativos de gobernanza: acuerdos comunitarios sobre biodiversidad, protocolos de consulta y consentimiento, redes de intercambio de saberes, estrategias colectivas de defensa del territorio. Estas formas de poder son menos visibles, pero están sosteniendo derechos, vínculos y prácticas en territorios concretos.

Esta multiplicación de actores genera innovación política, pero también fragmentación. No todos operan con la misma legitimidad ni con la misma escala. Y la coexistencia de normas, agendas y visiones puede fortalecer la resiliencia o, por el contrario, agravar la desconexión.

La señal es clara: la autoridad ya no es una línea vertical, sino una red de nodos con distintos grados de influencia, responsabilidad y acceso. La gobernanza del siglo xxi no se juega solo en cancillerías, se juega en plataformas, asambleas, memorandos, algoritmos, parlamentos locales, acuerdos técnicos y redes comunitarias.

Capítulo 16
Convergencias creativas

Las convergencias no son lugares cómodos. A veces, ni siquiera son visibles. Pero es ahí —en los cruces inesperados, en las fricciones entre mundos que no sabían hablarse— donde nace lo que no estaba previsto. Lo que puede cambiarlo todo.

Después de recorrer los radares, lo que tengo claro no es una tendencia, sino una forma de mirar: aprender a reconocer señales que no se presentan aisladas, sino en relación. Porque no hay transformación relevante que ocurra en un solo eje. La innovación verdaderamente disruptiva no viene de una tecnología, una política o una reforma. Viene del cruce entre personas, saberes, experiencias, territorios, sistemas. De atreverse a mezclar lenguajes, a plantear preguntas, a poner en contacto lo que otros mantienen separado. Ay, cuánto daño hace la polarización.

Esta etapa no busca cerrar nada. Estamos en movimiento. Pero sí marca un punto de activación. Porque lo que hemos visto —cada señal, cada dinámica— no tiene sentido si no sabemos leer qué se activa cuando se encuentra con otra. La longevidad no transforma nada si no se cruza con la reorganización del cuidado. La inteligencia artificial no transforma nada si no se cruza con el territorio, con el cuerpo, con el sentido. Las oportunidades no aparecen solas: se generan al conectar.

Pero para conectar no basta con saber. Hace falta afinar los sentidos, recuperar la capacidad de percibir más allá de los filtros, de los automatismos, de las burbujas que reducen el mundo a lo que ya conocíamos. Eso es lo que necesita este momento: una nueva sensibilidad colectiva. Una forma de atención que no sea solo técnica, sino política, emocional, humana.

El espacio público se ha desmaterializado, fragmentado y agotado en pantallas. Regenerarlo no es una nostalgia: es una urgencia. Porque sin ese lugar compartido —donde escucharnos de verdad, donde contradecirnos sin rompernos, donde imaginar con otros— no hay posibilidad de propósito común. Y sin propósito, las señales se vuelven ruido.

A partir de ahora, toca soltar la tensión, respirar, encontrarnos. Percibir y transmitir con todos los sentidos. No para acumular más, sino para procesar juntos, contrastar lo que sentimos, lo que sabemos, lo que tememos. Porque imaginar futuros posibles no es un ejercicio de voluntad individual: es una tarea compartida. Y eso requiere presencia, cuerpo, conversación. Necesitamos un espacio para empezar a construir desde otro lugar.

Campamento IV:
Afinar los sentidos

Nos ponemos cómodos después de una etapa de exploración exigente que nos ha bombardeado con mucha información impactante. Guardamos las herramientas, y, en especial, el móvil, en la mochila que ahora utilizamos para apoyarnos al sentarnos en torno al fuego. Una llama que ya está viva, que tiene la cadencia pausada de quien ha encontrado su ritmo, de quien sabe que el viaje se ha vuelto más profundo que urgente.

Según el itinerario del viaje, la próxima etapa será mirar el horizonte para simular futuros, pero, como *sherpa*, os recuerdo que, para mirar bien, es preciso afinar los sentidos. Necesitamos respirar profundamente y relajar la tensión acumulada para repasar lo experimentado y dejar que surjan las preguntas: ¿qué vemos realmente cuando miramos? ¿Desde qué lugar interpretamos lo que ocurre?

Nos sentamos en círculo, pero esta vez el círculo se ha ampliado. A lo largo del camino, otros viajeros se han sumado a nuestra exploración. Sus voces, que al principio susurraban desde los márgenes, ahora buscan espacio en la conversación. Hay algo diferente en el aire. Un silencio más denso. Una atención más fina. Como si, después de tanto caminar, tanto observar, tanto interpretar, hubiéramos llegado a un lugar donde las preguntas importantes no son solo sobre lo que vemos, sino sobre cómo vemos juntos.

He notado algo en mi propia mirada durante estos días explorando las señales del presente, pero también en las miradas de quienes nos acompañan. Cuando hablo de la revolución tecnológica, mi voz se llena de esa mezcla familiar de fascinación y cautela. Pero entonces…

Exploradora levanta la mano tímidamente:

—Para mí es diferente. Crecí con estas tecnologías. No tengo el miedo que veo en algunos, pero tampoco la ingenuidad que ustedes a veces nos atribuyen. Para mi generación, la IA no es disruptiva, es colaborativa. Siempre hemos trabajado con sistemas que aprenden. La pregunta no es si vamos a perder el control, sino cómo vamos a evolucionar como profesionales.

Sus palabras generan un murmullo de reconocimiento, y algunos de desaprobación.

Constructor, que parecía escéptico al principio del viaje, se inclina hacia delante:

—Es interesante lo que dices. En mi empresa hemos empezado a experimentar con equipos humano-IA, y lo que estamos descubriendo es que los mejores resultados vienen cuando dejamos de ver la tecnología como herramienta y empezamos a tratarla como colega. Pero eso requiere humildad de nuestra parte.

Puente, que había estado callada durante la mayor parte del viaje, ahora mira las brasas y habla con voz suave pero firme:

—Cuando ustedes hablan de la «transformación demográfica», yo veo a la señora de 82 años que me enseña recetas mientras yo le explico cómo usar WhatsApp para hablar con sus nietos. Ella no es una «carga del sistema». Es mi maestra en paciencia, y yo soy su ventana al mundo digital. Los números hablan de dependencia; mi experiencia habla de intercambio.

Sus palabras crean un silencio diferente.

Sistema asiente:

—Tienes razón. Llevamos décadas diseñando políticas desde el déficit —qué les falta a los mayores, qué necesitan los inmigrantes—, pero nunca desde los activos que aportan. Quizá el problema no es demográfico sino conceptual.

Aurora, que conoce cada dato sobre límites planetarios, sorprende a todos al decir:

—¿Saben qué? Estoy cansada de los números del apocalipsis. Llevamos décadas asustando a la gente y no funciona. Lo que funciona es mostrar que otro mundo es posible y que ya está emergiendo.

Se levanta y camina alrededor del fuego mientras habla:

—En mi pueblo, mi abuela me contó que están volviendo a plantar variedades locales que su generación creía perdidas. Los jóvenes que volvieron durante la pandemia han empezado una cooperativa que combina conocimiento ancestral con venta *online*. Los mayores aportan sabiduría, los jóvenes, tecnología, y están regenerando el valle literalmente.

Síntesis, que ha estado tomando notas todo el viaje, levanta la vista:

—Eso es exactamente lo que no aparece en los informes de tendencias. Las intersecciones creativas. Los experimentos que nacen de la necesidad y se vuelven innovación. Los algoritmos que mejor funcionan no predicen el futuro; detectan estas convergencias emergentes que nadie está midiendo.

Semilla, que inicialmente protestó por estar «perdiendo el tiempo con futurismo cuando hay problemas reales que resolver», ahora habla con una energía nueva:

—Al principio pensé que esto era muy abstracto para mi realidad. Pero estos días he estado conectando cosas. En mi escuela tenemos niños de siete nacionalidades diferentes. Los mayores del pueblo vienen a contar historias tradicionales. Usamos *tablets* para conectar con otras escuelas rurales de Europa. Sin darnos cuenta, hemos creado un laboratorio de futuro: intergeneracional, multicultural, tecnológico y arraigado.

Cuidado *añade:*

—Y nosotros en el hospital hemos empezado a incluir a las familias inmigrantes como coterapeutas, no solo como visitantes. Saben cosas sobre el cuidado que la medicina occidental había olvidado. Los límites entre conocimiento científico y sabiduría tradicional se están difuminando de formas muy productivas.

Raíz, que al principio se quejaba de que «estos temas son para gente de ciudad», ahora gesticula intensamente:

—Llevamos tres generaciones perdiendo población en el valle, y de repente este año han llegado seis familias jóvenes que quieren hacer vida rural pero trabajando para empresas de Madrid. Necesitan Internet bueno, colegios, servicios. Nosotros necesitamos gente que mantenga vivos los pueblos. Está emergiendo una economía que no es ni urbana ni rural tradicional. Es otra cosa.

Flujo conecta:

—Es lo mismo que veo en las empresas. Los modelos de trabajo híbrido están creando una geografía nueva. Ya no es presencial versus remoto. Es una combinación fluida donde el lugar, el tiempo y la forma de trabajar se adaptan al propósito. Pero requiere repensar todo.

El fuego crepita y Memoria rompe un silencio contemplativo:

—¿Saben lo que me resulta más revelador de estas conversaciones? Que por primera vez en décadas no estamos hablando del futuro como extrapolación del pasado. Durante mi carrera, futurología significaba proyectar tendencias linealmente. Pero ustedes están hablando de emergencia, de convergencias impredecibles, de colaboración entre mundos que antes estaban separados.

Resonancia asiente:

—Es verdad. Y también estamos hablando desde la abundancia, no desde la escasez. No es «cómo sobrevivir al cambio», sino «cómo navegar las posibilidades». Es un *shift* mental fundamental.

Exploradora vuelve a intervenir, pero ahora con más confianza:

—Lo que me parece increíble es que estamos construyendo inteligencia colectiva en tiempo real. Cada persona aporta una perspectiva que transforma la conversación completa. Es como un algoritmo humano de *machine learning*, pero con empatía.

Constructor se ríe:

—¡Y sin los sesgos de los *datasets*! Aunque imagino que tenemos nuestros propios sesgos humanos.

Puente sonríe:

—Sí, pero al menos podemos reconocerlos y cuestionarlos juntos. En mi cultura hay un proverbio: «Si quieres ir rápido, ve solo. Si quieres llegar lejos, ve acompañado». Creo que entender el futuro requiere ir lejos.

Aurora se sienta de nuevo, pero con una energía contagiosa:

—¿Saben qué? Creo que hemos estado enfocando mal la pregunta. No es «cómo vamos a adaptarnos al futuro que viene», sino «qué futuros son posibles si prestamos atención a lo que ya está emergiendo».

Síntesis asiente:

—Exacto. Si combino todas las ideas que han surgido esta noche, emergen posibilidades que ninguno de nosotros había imaginado al principio del viaje. Eso es exactamente lo que pasa cuando la inteligencia colectiva funciona bien.

Semilla reflexiona:

—En mi escuela, cuando los niños trabajan en equipos diversos, siempre crean cosas que sorprenden hasta a los profesores. Sus ideas no son mejores o peores que las nuestras; son diferentes. Y esa diferencia abre caminos que nadie había visto.

Como *sherpa*, observo este momento con una mezcla de asombro y reconocimiento. El viaje ha cumplido su propósito más profundo: no solo hemos explorado las señales del presente, sino que hemos creado una comunidad de práctica, una inteligencia colectiva capaz de ver posibilidades que ninguno de nosotros habría visto solo.

Cuidado verbaliza lo que muchos estamos sintiendo:

—Al principio vine por curiosidad. Ahora siento que tengo una forma diferente de leer la realidad. Como si hubiera despertado de una forma de ver el mundo y ya no pueda volver atrás.

Sistema asiente:

—Y como si tuviera herramientas nuevas. No solo información, sino una forma diferente de procesar la complejidad. De trabajar con la incertidumbre en lugar de luchar contra ella.

Raíz, que ha estado observando las estrellas, dice:

—En el campo, sabes que cada estación trae sorpresas, pero también que hay patrones que puedes leer si sabes observar. Creo que hemos aprendido a leer los patrones de cambio de una forma nueva.

Memoria se levanta lentamente:

—Pero ahora viene lo importante. Tenemos esta nueva forma de ver, esta inteligencia colectiva que hemos desarrollado. ¿Cómo la usamos para explorar lo que podría venir?

Flujo se anima:

—Es verdad. Una cosa es entender las señales del presente y otra es imaginar cómo podrían combinarse en futuros diferentes.

Resonancia *añade:*

—Necesitamos mapas para navegar posibilidades, no predicciones sobre certezas.

Puente reflexiona:

—En mi trabajo, veo todos los días que cada persona mayor responde de manera diferente a los cambios. No hay una sola forma de envejecer. Quizá no haya una sola forma de futuro.

Las brasas brillan ahora con luz más suave, pero la energía en el círculo se ha intensificado.

Aurora mira a cada persona y dice:

—Mañana exploraremos escenarios posibles. Ya no serán ejercicios académicos; serán mapas para prepararnos para múltiples futuros.

Exploradora añade:

—Y no seremos solo observadores analizando tendencias. Seremos exploradores preparándonos para navegar la incertidumbre.

Síntesis cierra su libreta:

—Los escenarios como simuladores de posibilidades. Para desarrollar músculos de adaptación antes de que los necesitemos.

El viento mueve las ramas con una suavidad que no había notado antes, pero ahora cada sonido parece parte de una sinfonía más amplia. Las conversaciones se van fragmentando en diálogos más pequeños, pero todas conectadas por hilos invisibles de comprensión compartida.

Constructor y Raíz discuten las intersecciones entre ruralidad y tecnología. Puente y Cuidado intercambian observaciones sobre modelos de cuidado. Exploradora y Síntesis especulan sobre herramientas para facilitar la inteligencia colectiva. Semilla y Aurora imaginan redes de aprendizaje regenerativo.

Como *sherpa*, ya no soy el único guía de este viaje. Hemos creado una comunidad de exploradores, cada uno aportando mapas distintos del territorio que vamos a explorar juntos.

Nos vamos a dormir no con respuestas, sino con una nueva capacidad de hacer preguntas. Con una forma diferente de observar la complejidad. Con una inteligencia colectiva que puede imaginar futuros que ninguno de nosotros concebiría en soledad.

Mañana, los escenarios. No como destinos inevitables, sino como gimnasios para la imaginación. Como simuladores que nos preparen para navegar múltiples posibilidades.

El futuro no será construido por expertos aislados prediciendo tendencias, sino por comunidades diversas capaces de imaginar y experimentar juntas.

Esta noche hemos afinado nuestra escucha colectiva. Mañana pondremos a prueba nuestra imaginación compartida.

ETAPA V:
2050

Cuando el presente te abruma, es bueno dejar que la mente explore posibles futuros en los que se superen las tensiones que tienen difícil salida en lo inmediato. Mejor eso que dejarse atrapar por el pensamiento negativo de que cualquier tiempo pasado fue mejor.

Rodearse de personas inteligentes, de verdad, esas que tienen equilibradas sus fuentes de energía, ayuda mucho, Y cuanto más diverso sea el grupo, mejor: para romper burbujas, eliminar sesgos e incorporar nuevas prácticas. Humildad y honestidad para construir. Aquí podría incluir una larga lista de personas que me han acompañado en este proceso, pero para este libro en particular debo mencionar a dos: Olivier Woeffray y Belén Palao[2]. Forjamos un equipo magnífico que merece la pena cuidar. Propósito común y espíritu de *sherpa* compartido desde una extraordinaria diversidad.

Hasta ahora hemos sido arqueólogos del presente. Hemos visualizado señales débiles, mapeado tendencias emergentes y hemos identificado convergencias entre nuestros radares. Tenemos la mochila llena de evidencias del cambio. Ahora llega el momento de aprender a utilizarlas.

---

2 Acuerdo con ARUP para desarrollar una investigación que rastree las señales y construya futuros posibles en 2050 basados en nuestros activos reales.

Un piloto no aprende a volar directamente en una tormenta. Primero practica en simuladores donde puede experimentar diferentes condiciones adversas sin riesgo. Aquí haremos lo mismo: simularemos cuatro tipos de «tormenta social» para que, cuando te encuentres en la realidad, sepas navegar mejor.

Los escenarios que vamos a imaginar y explorar funcionan como simuladores que te permiten desarrollar «visión de futuro»: la capacidad de reconocer hacia dónde pueden llevar las señales que hoy observamos. Cuando el mundo real evolucione en ciertas direcciones —y lo hará—, tu mente entrenada será capaz de reconocer los patrones, anticipar las implicaciones y adaptarse más rápido.

Como un juego de simulación que es, primero te contaré los mapas que te he preparado y las reglas para imaginar lo que ocurre en ellos. Y después simularemos cuatro posibles vidas cotidianas en 2050.

Capítulo 17
Construyendo futuros

Los escenarios no son profecías. Son gimnasios para la imaginación, simuladores de posibilidades que nos permiten ejercitar nuestros músculos de adaptación antes de que llegue el momento de usarlos. Como las rutas alternativas que aparecen en nuestro GPS cuando hay tráfico: no sabemos cuál tomaremos finalmente, pero conocer las opciones nos permite decidir mejor.

En los últimos capítulos hemos observado señales emergentes, mapeado tendencias e identificado las fuerzas que están reconfigurando nuestro presente. Ahora es momento de preguntarnos: ¿hacia dónde pueden llevarnos?

Este ejercicio de simulación funciona con mapas y reglas.

MAPA: DOS VARIABLES FUNDAMENTALES

Para trazar nuevos mapas donde ubicar esos futuros, definimos un posible eje de coordenadas. No son las únicas variables relevantes, pero sí las que mejor capturan las tensiones y decisiones críticas de nuestro momento histórico.

La primera variable afecta al centro de gravedad de las decisiones. Captura la tensión entre dos modelos de organización que están en disputa: global versus local. ¿Dónde se tomarán las decisiones?

En el sistema «operativo» actual, la pulsión es global. Las decisiones clave se toman en instituciones supranacionales o plataformas globales. Se prima la interoperabilidad y la escala. Los estándares tienden a la convergencia mundial. La innovación se concentra en *hubs* globales. La confianza se construye mediante instituciones transparentes y marcos regulatorios comunes.

Sin embargo, estamos observando tendencias claras que apuntan a un desplazamiento del centro de gravedad hacia lo local. Las decisiones críticas se toman cerca de donde se experimentan sus efectos. Se prima la adaptación al contexto y la proximidad. Los estándares responden a necesidades y valores locales. La innovación emerge de comunidades específicas. La confianza se construye a través de relaciones directas y familiaridad cultural.

La segunda variable tiene que ver con la mentalidad y las lógicas socioeconómicas dominantes que determinan el valor que otorgamos a los recursos que gestionamos. Esta variable captura la tensión entre dos paradigmas fundamentalmente diferentes: lógica extractiva versus lógica generativa/regenerativa.

Si nuestra mentalidad es de suma cero, de reparto de lo que hay, lo que uno gana otro lo pierde. Se pone el énfasis en la propiedad, el control y la seguridad. Los modelos económicos se basan exclusivamente en la competencia y la optimización. Las instituciones priorizan los beneficios a corto plazo. La gestión ambiental es reactiva y se centra en mitigar riesgos.

Es el paradigma que ha dominado los últimos siglos: extraemos recursos de la naturaleza, los convertimos en productos, los vendemos y gestionamos los residuos como un problema separado.

Si la lógica es generativa, los recursos aumentan y el valor no es de suma cero. Se crece a través de relaciones y ecosistemas. El énfasis se pone en el acceso, el uso, la gestión compartida y la contribución. Los sistemas económicos buscan optimizar a través de la cooperación y la circularidad. Los enfoques ambientales son regenerativos y sistémicos, anticipatorios. Las instituciones son adaptables y están orientadas al largo plazo (sostenibilidad).

Es el paradigma emergente: diseñamos sistemas que generan valor para todos los participantes, incluido el entorno natural, y entendemos que nuestro bienestar está interconectado. Para trazar los mapas con estos ejes de coordenadas, situemos nuestro norte (global), sur (local), este (generar) y oeste (explotar), y así obtendremos cuatro territorios de exploración, cuatro contextos operativos diferentes en los que las señales y tendencias que hemos identificado podrían manifestarse de formas diversas al responder a centros de gravedad y lógicas distintas.

A Global + Extractivo	C Global + Generativo
B Local + Extractivo	D Local + Generativo

Reglas de exploración

1. Plausibilidad, no probabilidad. No intentamos calcular las posibilidades de que ocurra cada escenario. Nos preguntamos: ¿es lo suficientemente plausible como para que merezca la pena prepararnos para él?
2. Coherencia interna. Cada escenario debe «funcionar» como un sistema. Si una tecnología se desarrolla de cierta manera, ¿qué implicaciones tiene para la geopolítica, la demografía o el medio ambiente?
3. Poder de sorpresa. Los mejores escenarios son los que nos obligan a cuestionar nuestras asunciones. Los que nos hacen decir: «No había pensado en eso, pero tiene sentido».
4. Utilidad estratégica. Cada escenario debe generar perspectiva o *insights* que nos ayuden a tomar mejores decisiones hoy. No son ejercicios de ciencia ficción, son herramientas de trabajo.

LA ARQUITECTURA DE CADA SIMULACIÓN

Para que puedas orientarte en cada mundo, he diseñado todas las simulaciones siguiendo la misma estructura[3]. Como un explorador que siempre utiliza el mismo método para cartografiar territorios desconocidos, cada escenario incluirá los mismos elementos, pero adaptados a su lógica específica.

El desencadenante: el momento o la secuencia de crisis que empujó al mundo hacia esa configuración particular. No es un evento único, sino una confluencia de tensiones que hicieron que esa forma de organización social pareciera la más sensata. Como cuando una avalancha se desencadena: la pendiente ya estaba preparada, pero algo específico activó el deslizamiento.

Los pilares del sistema: las tres o cuatro reglas fundamentales que mantienen funcionando ese mundo. Son como las «leyes de física social» de cada configuración: los principios básicos que determinan cómo se toman las decisiones, cómo se distribuyen los recursos y cómo se define el éxito.

Un día en la vida de alguien que prospera en ese mundo. No un turista ni un inadaptado, sino una persona que ha desarrollado las habilidades específicas que ese sistema premia. Vas a caminar en sus zapatos, sentir sus rutinas, entender sus aspiraciones, ver el mundo desde sus ojos.

Las señales que ya están aquí: los fragmentos de ese futuro que podemos observar en 2025. Porque ninguno de estos mundos surge de la nada; todos emergen de tendencias que ya existen. Aprenderás a reconocer los gérmenes de cada configuración en tu entorno actual.

---

3   Para esta parte del libro he contado con un equipo de inteligencias artificiales generativas, a las que he proporcionado los mapas, las reglas y un montón de señales para que nos ayuden a visualizar lo que nos podemos encontrar siguiendo la arquitectura que he diseñado.

Cómo convergen las fuerzas de nuestros cuatro radares: cómo se desarrollan específicamente la tecnología, la demografía, la geopolítica y los límites planetarios en cada configuración. La misma inteligencia artificial, el mismo envejecimiento poblacional, las mismas tensiones geopolíticas, pero evolucionando según la lógica particular de cada mundo.

Quiénes ganan y quiénes pierden, porque ningún sistema es neutro. Cada configuración premia ciertos tipos de personalidad, habilidades, valores y circunstancias, mientras penaliza a otros. No hay sistemas perfectos, solo sistemas con diferentes tipos de ventajas y costes.

Las paradojas: las contradicciones internas y los dilemas irresueltos de cada mundo. Porque los futuros reales no son utopías ni distopías puras, sino realidades complejas con aspectos deseables e indeseables entrelazados.

Esta estructura te permitirá comparar sistemáticamente los mundos y desarrollar criterios para evaluar hacia cuál prefieres que evolucione tu entorno.

¿Preparado? Empezamos el entrenamiento. Bienvenido al simulador de futuros. Bienvenidos a 2050.

Capítulo 18
Fragmentación y control

A: Global + Extractivo: «Un mundo hipervigilado donde la eficiencia total es ley: quien no optimiza, queda fuera»

Bienvenidos al mundo donde la eficiencia se convirtió en el único valor que importa. Un mundo donde la crisis climática y la escasez de recursos empujaron a la humanidad hacia un nuevo contrato social: vigilancia total a cambio de una supervivencia optimizada.

EL DESENCADENANTE:
LA CRISIS DEMANDÓ CONTROL

Este escenario emerge de la confluencia entre la urgencia climática de finales de la década de 2020 y el colapso de los sistemas de cooperación internacional. Cuando los acuerdos voluntarios demostraron ser insuficientes y las crisis se volvieron recurrentes, las sociedades aceptaron gradualmente intercambiar libertades por seguridad de recursos.

Todo comenzó con medidas «temporales». Durante la crisis energética de 2027, varios países europeos introdujeron sistemas de racionamiento inteligente: algoritmos que asignaban cuotas de energía según el comportamiento previo de cada ciudadano. Lo que iba a durar seis meses se normalizó cuando los resultados fueron evidentes: una reducción del 40 % en el consumo energético sin colapso económico.

El paso siguiente fue inevitable: extender el modelo a otros recursos —agua, alimentos, movilidad, incluso vivienda—. La eficiencia se convirtió en la nueva religión civil.

LOS PILARES DEL SISTEMA: SUE, IAG Y BOC

El Score Universal de Eficiencia (SUE). Cada persona, empresa y territorio tiene una puntuación dinámica que se actualiza en tiempo real. El SUE combina huella de carbono personalizada, medida por sensores omnipresentes en ropa, dispositivos y espacios; eficiencia de consumo que es la relación entre recursos utilizados y «valor generado» según algoritmos estatales; comportamiento social, medido por cumplimiento de normas y participación en actividades comunitarias «eficientes»; y contribución productiva o aporte económico ponderado por sostenibilidad. Tu SUE determina tu acceso a servicios, desde transporte hasta vivienda. No es solo un sistema de crédito: es tu pasaporte a la sociedad.

La Inteligencia de Asignación Global (IAG). Una red de supercomputadoras conectadas gestiona la distribución de recursos a escala planetaria. La IAG sabe cuántas proteínas necesita cada territorio, cuánta energía puede generar y qué materiales le sobran. Optimiza flujos en tiempo real como un gigantesco cerebro logístico. Los algoritmos de la IAG se han vuelto tan sofisticados que predicen escaseces con meses de antelación y redirigen recursos automáticamente. Una sequía en Argentina activa protocolos que incrementan la producción de soja en Brasil y reduce las cuotas de consumo de carne en Europa.

Bloques de Optimización Competitiva (BOC). El mundo se ha reorganizado en cinco megabloques que compiten por los mejores índices de eficiencia: Eurasia Optimizada, Américas Resilientes, África Emergente, Oceanía Circular y los Estados Tecnológicos del Golfo. Cada bloque desarrolla su propio modelo de optimización, pero todos comparten los mismos indicadores básicos. Es como una Liga de Campeones permanente donde los ganadores acceden a mejores tecnologías y mayores cuotas de recursos.

UN DÍA EN LA VIDA DE LAURA, 2050

Laura se despierta a las 6:47h. en su apartamento de 28 metros cuadrados en Valencia. Su SUE actual —92— le permitió acceder a este espacio en una zona de alta eficiencia urbana. Al levantarse, su anillo inteligente (*smartring*) le notifica que puede ducharse durante 3 minutos y 20 segundos: ayer optimizó bien sus rutinas.

Durante el desayuno —café sintético y dos rebanadas de pan de algas—, revisa en su tableta la asignación de tareas del día. La IAG ha detectado un pico de demanda de servicios de traducción para contenido técnico sobre hidrógeno verde. Como especialista en energías limpias con SUE alto, Laura recibe prioridad para estos trabajos bien remunerados.

Camino al trabajo —en bicicleta, por supuesto; cada kilómetro en transporte activo suma puntos— pasa por el distrito de «optimización básica», donde viven quienes tienen SUE entre 50 y 70. Los edificios son más antiguos, las calles menos cuidadas, los comercios más limitados. No es castigo, le explican las autoridades: es eficiencia de recursos aplicada territorialmente.

En el trabajo, Laura colabora con equipos distribuidos por todo el bloque europeo. Su proyecto actual involucra optimizar el consumo energético de centros de datos en Finlandia. Cada kilovatio ahorrado mejora el SUE colectivo de su equipo, lo que se traduce en bonificaciones tanto económicas como de acceso a servicios.

Durante la pausa del almuerzo, Laura recibe una alerta: su consumo de agua matutino fue un 12 % superior al promedio de personas con su perfil. Le sugieren ajustar su rutina nocturna para compensar. No es obligatorio, pero sabe que ignorar estas recomendaciones repetidamente afectaría su puntuación.

Al final del día, Laura tiene 47 minutos de «tiempo libre energético»: puede usar dispositivos de entretenimiento sin que afecte su SUE. Elige una serie coreana sobre agricultura vertical. El contenido está seleccionado algorítmicamente para promover comportamientos eficientes.

Antes de dormir, revisa las métricas familiares: su hermano en Madrid bajó a SUE 79 tras una semana de consumo elevado, pero su madre en Sevilla subió a 96 por su participación en un proyecto comunitario de compostaje. El promedio familiar se mantiene estable en 89.

LAS SEÑALES QUE YA ESTÁN AQUÍ EN 2025

Este escenario puede parecer distópico, pero sus componentes están emergiendo ahora:

Sistemas de crédito social. China ya opera un sistema nacional que afecta el acceso a transporte, educación y crédito según el comportamiento ciudadano. Otros países estudian modelos similares para la gestión ambiental.

Optimización algorítmica de recursos. Amazon optimiza las entregas en tiempo real considerando tráfico, clima y comportamiento de compra. Singapur usa IA para gestionar la distribución de agua. Los Países Bajos experimentan con asignación inteligente de energía según la demanda predictiva.

Puntuaciones ambientales personalizadas. *Apps* como Klima o Capture calculan la huella de carbono individual. Algunos bancos ya ofrecen mejores condiciones crediticias a quienes demuestran un comportamiento sostenible.

Vigilancia ubicua. Los teléfonos inteligentes (*smartphones*) ya rastrean ubicación, consumo y actividad física. Los relojes inteligentes (*smartwatches*) monitorizan la salud. Los asistentes de voz escuchan conversaciones. La infraestructura de vigilancia existe; solo falta ampliar su propósito.

LAS FUERZAS CONVERGENTES
DE NUESTROS RADARES

Radar tecnológico

La inteligencia artificial se convierte en el sistema nervioso del control eficiente. Los algoritmos no solo procesan datos: toman decisiones por nosotros «para nuestro propio bien». La IA agéntica gestiona ciudades enteras, desde semáforos hasta asignación de vivienda.

Los sensores están en todas partes: ropa inteligente que mide constantemente nuestro impacto, edificios que ajustan la temperatura según la presencia y el comportamiento, y vehículos que reportan cada trayecto a sistemas centrales.

La biotecnología se orienta hacia la optimización corporal: terapias genéticas que reducen necesidades calóricas, microorganismos implantados que mejoran el metabolismo energético y medicamentos predictivos que previenen enfermedades antes de que consuman recursos del sistema.

Radar demográfico

El envejecimiento se gestiona mediante la «contribución optimizada»: las personas mayores que pueden aportar conocimiento útil reciben acceso preferente a recursos de longevidad; quienes no, entran en programas de «dignidad eficiente».

La migración se convierte en asignación algorítmica: los movimientos poblacionales se planifican según las necesidades productivas de cada territorio. Los refugiados climáticos son redistribuidos según las capacidades de acogida calculadas por la IAG.

Las ciudades se estratifican según la eficiencia: distritos *premium* para puntuaciones altas, zonas básicas para un SUE medio y áreas de «reoptimización» para quienes necesitan mejorar su rendimiento.

Radar geopolítico

La geopolítica se convierte en una competencia constante por indicadores de eficiencia. Los bloques que optimizan mejor acceden a tecnologías avanzadas y materias primas escasas, mientras que los menos eficientes quedan relegados a roles de proveedores de recursos básicos.

Las alianzas se forman según la complementariedad optimizada: países con excedentes energéticos se asocian con territorios especializados en manufactura eficiente. Las relaciones diplomáticas se gestionan mediante algoritmos que calculan beneficios mutuos.

La guerra fría del siglo XXI no es militar sino algorítmica: es una competencia por desarrollar los mejores sistemas de optimización. Quien controla la eficiencia, controla el futuro.

Radar planetario

Los límites planetarios se gestionan mediante un racionamiento inteligente global. La naturaleza se convierte en un activo que se explota de forma «sostenible» según modelos predictivos: se talan bosques en zonas específicas mientras se reforestan otras; se sacrifican ecosistemas «menos eficientes» para preservar los «más productivos».

El cambio climático se aborda mediante una geoingeniería masiva coordinada globalmente: inyección de aerosoles en la atmósfera, fertilización oceánica, manipulación de ciclos de carbono. La humanidad se convierte en gestora activa del clima planetario.

La biodiversidad se preserva en «reservas de eficiencia genética»: ecosistemas controlados que mantienen variedades útiles para la biotecnología y la agricultura industrial.

LOS GANADORES Y PERDEDORES

Quienes prosperan

Los optimizadores natos: personas que, por temperamento, educación o genética, se adaptan naturalmente a sistemas de alta eficiencia. Viven bien en un mundo donde la virtud se mide en recursos ahorrados.

Los diseñadores de sistemas: ingenieros, científicos de datos, especialistas en optimización que crean y mantienen la infraestructura del control eficiente. Son la nueva clase dominante.

Los territorios con ventajas naturales: regiones con abundante energía renovable, agua o materias primas que pueden negociar desde posiciones de fuerza en el sistema global.

Quienes sufren

Los «ineficientes»: personas que, por razones médicas, psicológicas o culturales, no pueden adaptarse a los estándares de optimización. Quedan relegados a zonas básicas con acceso limitado a servicios.

Las minorías culturales: grupos cuyas tradiciones y valores chocan con los imperativos de eficiencia. Sus formas de vida se consideran «subóptimas».

Los territorios sin recursos: regiones que no pueden competir en el juego global de la optimización quedan como proveedores de materias primas o mano de obra básica.

LAS PARADOJAS DEL CONTROL

Este mundo funciona. Es más eficiente, más sostenible en términos de recursos, más predecible. Ha logrado estabilizar el clima y garantizar la supervivencia colectiva, pero ha pagado un precio alto en libertad, diversidad y espontaneidad.

Es un escenario donde resolvimos la crisis climática mediante un autoritarismo algorítmico benevolente; donde cambiamos privacidad por supervivencia; donde la eficiencia se volvió el único valor que importa.

Las preguntas que nos deja: ¿hasta qué punto estamos dispuestos a ser optimizados? ¿Puede la humanidad florecer en un sistema de control total, aunque sea eficiente y justo? ¿Qué perdemos cuando la espontaneidad se vuelve un lujo que pocos pueden permitirse?

Capítulo 19
Resiliencia territorial

B: Local + Extractivo: «La proximidad reemplaza a la eficiencia: resiliencia y sobriedad como únicas garantías frente al colapso»

Bienvenidos al mundo donde la supervivencia depende de lo que tengas a 500 kilómetros. Un mundo donde las crisis sistémicas de finales de la década de 2020 enseñaron una lección brutal: quien depende de cadenas globales vive al filo del colapso. Quien controla su entorno inmediato, perdura.

EL DESENCADENANTE: LO GLOBAL
SE VOLVIÓ PELIGROSO

Este escenario emerge del fracaso en cascada de los sistemas interconectados. No fue una crisis única, sino una secuencia de disrupciones que erosionaron la confianza en cualquier sistema que dependiera de la coordinación a gran escala.

Comenzó con la Crisis de los Semiconductores Ampliada (2028-2030), que paralizó sectores enteros durante meses. Siguió la Gran Tormenta Solar de 2031, que dejó fuera de servicio las comunicaciones satelitales durante semanas. Cuando las tensiones geopolíticas escalaron y varios países restringieron unilateralmente las exportaciones de materias primas críticas, las sociedades llegaron a una conclusión inevitable: lo distante es frágil, lo cercano es seguro.

La respuesta no fue coordinada sino emergente: miles de comunidades, ciudades y regiones empezaron a desarrollar capacidades locales de forma paralela. El Gran Repliegue no se planificó; simplemente ocurrió cuando millones de personas decidieron que preferían la autonomía a la eficiencia.

LOS PRINCIPIOS DEL NUEVO MUNDO

La Regla de los 500 kilómetros. Todo lo esencial para la vida —alimentos, energía, medicamentos básicos, herramientas fundamentales— debe poder producirse dentro de un radio de 500 kilómetros. Es la nueva línea roja de la seguridad colectiva. Esto no significa autarquía absoluta: las comunidades comercian e intercambian conocimiento. Pero nada crítico depende de cadenas largas. Los productos globales existen, pero son lujos, no necesidades.

Tecnología robusta antes que sofisticada. Los sistemas tecnológicos se diseñan como los Nokia 3310: pocas piezas, fáciles de reparar, imposibles de romper. La innovación se orienta hacia la durabilidad y la reparabilidad, no hacia la novedad. Un tractor de 2050 puede funcionar 50 años con mantenimiento local. Un *smartphone* puede repararse completamente en cualquier taller de barrio. Una turbina eólica se construye con materiales disponibles regionalmente.

Saberes distribuidos, no especializaciones extremas. Cada comunidad necesita generalistas capaces de resolver problemas diversos con recursos limitados. Los hiperespecialistas siguen existiendo, pero como consultores itinerantes que comparten conocimiento entre territorios. Los sistemas educativos forman personas capaces de cultivar, reparar, construir, curar y enseñar. La competencia clave es la adaptabilidad, no la especialización profunda.

UN DÍA EN LA VIDA DE MIKEL, 2050

Mikel se despierta en su casa en Vitoria al amanecer. Como la mayoría de personas en 2050, sus ritmos siguen los ciclos naturales: la luz artificial se reserva para actividades esenciales, no para alargar artificialmente el día.

Después del desayuno —huevos de las gallinas comunitarias, pan del molino local y miel de las colmenas urbanas— revisa el tablón de necesidades del distrito. Hoy requieren sus servicios como ingeniero mecánico: la bomba de agua del sector este presenta problemas.

Camina hasta el taller —todo está a una distancia caminable o en bicicleta—, donde encuentra las piezas necesarias en el almacén de componentes reutilizados. La bomba es un diseño estándar de código abierto, desarrollado por la Confederación de Ciudades Vascas y fabricado en talleres locales desde 2035.

Mientras repara, Mikel conversa con Sara, la coordinadora de recursos hídricos. Le explica que están considerando instalar un segundo punto de captación en las colinas del sur, pero necesitan evaluar el impacto en las comunidades de aguas abajo. Nada se decide sin consultar a los territorios afectados.

Al mediodía, Mikel cambia de actividad: tiene turno en la huerta comunitaria. No por obligación, sino porque, en este mundo, todos dedican tiempo a producir alimentos. Es parte del «pacto de supervivencia» que cada comunidad estableció después de la Gran Desconexión.

Durante la tarde, Mikel se conecta virtualmente con otros ingenieros de la región para una sesión de intercambio de conocimientos. Están desarrollando un nuevo diseño de generador eólico adaptado a los vientos locales. Los planos se compartirán libremente con cualquier territorio interesado.

Al final del día, Mikel se reúne con su círculo de afinidad —ocho familias que comparten recursos y toman decisiones colectivamente sobre temas comunes— para planificar las actividades de la semana siguiente. Deciden solicitar una sesión de mediación con el círculo vecino, ya que hay diferencias sobre el uso del espacio verde entre ambos grupos.

Antes de dormir, Mikel lee noticias de otros territorios en la red de información local. Ha habido innovaciones interesantes en el valle del Ebro sobre conservación de alimentos, y una nueva técnica de construcción con bambú desarrollada en Valencia. Se anota mentalmente proponer un intercambio de conocimientos en la próxima asamblea mensual.

LAS SEÑALES QUE YA ESTÁN AQUÍ

Este escenario se construye sobre tendencias ya visibles:

Relocalización económica. La pandemia aceleró el proceso. Países como Francia han lanzado planes para relocalizar producciones estratégicas. Muchas empresas han acortado sus cadenas de suministro para reducir las vulnerabilidades.

Movimientos de soberanía alimentaria. Ciudades como París han establecido el objetivo de producir el 30 % de sus alimentos en un radio de 100 kilómetros. Los mercados de productores locales se multiplican en toda Europa.

Tecnologías de código abierto. El movimiento *maker* desarrolla diseños abiertos para equipos médicos, herramientas agrícolas y tecnologías energéticas que pueden fabricarse localmente. La crisis del COVID mostró el valor de poder producir ventiladores o mascarillas sin depender de cadenas globales.

Redes de transición. Más de 1000 ciudades participan en el movimiento Transition Towns, desarrollando resiliencia local ante crisis climáticas y energéticas.

LAS FUERZAS CONVERGENTES
DE NUESTROS RADARES

Radar tecnológico

La tecnología se democratiza y simplifica. La inteligencia artificial se utiliza principalmente para optimizar sistemas locales: gestión de microrredes energéticas, planificación de cultivos según microclimas y coordinación de recursos entre comunidades cercanas.

La biotecnología se orienta hacia la adaptación local: variedades de cultivos específicas para cada ecosistema, microorganismos que mejoran suelos regionales y medicamentos producidos con plantas locales.

Los metamateriales permiten fabricar componentes avanzados en talleres de barrio: materiales que cambian propiedades según necesidades, estructuras que se autoreparan y componentes electrónicos producidos con impresoras 3D comunitarias.

Radar demográfico

El envejecimiento se gestiona mediante redes de cuidado comunitario: cada territorio desarrolla sistemas para que las personas mayores continúen contribuyendo según sus capacidades mientras reciben el apoyo necesario.

La migración se canaliza hacia la «adopción territorial»: las personas desplazadas son acogidas por comunidades específicas que se comprometen a integrarlas completamente. No hay campos de refugiados, sino procesos de nueva ciudadanía local.

Las ciudades se reorganizan en distritos autosuficientes de entre 15.000 y 50.000 habitantes, cada uno capaz de cubrir las necesidades básicas de sus residentes sin depender del exterior.

Radar geopolítico

La geopolítica se fragmenta en miles de actores: confederaciones de ciudades, biorregiones y alianzas territoriales que cooperan según intereses específicos. Los Estados nación siguen existiendo, pero pierden relevancia práctica.

Los conflictos se originan principalmente por recursos naturales —agua, tierras fértiles, yacimientos minerales—, pero al ser las economías menos interdependientes, las disrupciones tienen un impacto más limitado.

El comercio internacional se reduce al intercambio de productos únicos: tecnologías especializadas, conocimientos específicos y materias primas que no existen localmente. El 80 % de la economía es local.

Radar planetario

Los límites planetarios se gestionan mediante «contratos de custodia»: cada territorio se responsabiliza de su impacto ambiental local, pero los estándares se negocian entre comunidades vecinas.

El cambio climático se aborda mediante adaptación local: cada región desarrolla estrategias específicas para su clima cambiante. Hay menos coordinación global, pero más experimentación diversificada.

La biodiversidad se preserva mediante «reservas comunitarias»: cada territorio mantiene espacios naturales que considera culturalmente importantes. La conservación pasa a ser personal, no abstracta.

LOS GANADORES Y PERDEDORES

Quienes prosperan

Los artesanos y generalistas: personas capaces de resolver problemas diversos con recursos limitados. Los «repair cafés» se vuelven instituciones centrales de cada comunidad.

Las comunidades con recursos naturales: territorios con agua abundante, suelos fértiles y clima favorable tienen ventajas significativas y pueden negociar intercambios desde posiciones de fuerza.

Los conectores de conocimiento: especialistas que viajan entre territorios compartiendo innovaciones. Son respetados como los antiguos comerciantes de la Ruta de la Seda.

Quienes sufren

Los hiperespecialistas: profesionales cuya experiencia solo tiene valor en sistemas muy complejos y conectados. Muchos neurocirujanos se reconvierten en médicos generales.

Las metrópolis sin recursos naturales: ciudades grandes ubicadas en territorios poco fértiles o sin acceso a energía renovable luchan por mantener a sus poblaciones.

Los dependientes de tecnología compleja: personas con condiciones médicas que requieren tratamientos altamente sofisticados pueden no encontrar localmente las terapias que necesitan.

LAS PARADOJAS DE LA RESILIENCIA

Este mundo ha resuelto muchos problemas del globalismo: menor vulnerabilidad sistémica, mayor cohesión social, menos impacto ambiental por transporte, economías más humanas. Es un escenario donde cambiamos eficiencia por seguridad, diversidad global por cohesión local, innovación disruptiva por tecnología confiable.

En este mundo emergen innovaciones fascinantes adaptadas a la escala local. Economías circulares de barrio: sistemas donde los residuos de una actividad alimentan otra, creando ciclos cerrados de materiales dentro de cada distrito. Bibliotecas de objetos: espacios comunitarios donde se comparten herramientas, equipos y objetos de uso ocasional. Nadie necesita poseer una taladradora si puede acceder a una compartida. Monedas locales inteligentes: sistemas de intercambio que incentivan el comercio dentro del territorio y desincentivan la dependencia externa. Escuelas-taller: centros educativos donde se aprende haciendo —cultivando, construyendo, reparando, experimentando con tecnologías adaptadas al entorno local—.

Pero ha creado otros problemas: menor innovación por falta de escala, desigualdades territoriales sin compensación y pérdida de eficiencias que beneficiaban a todos. Este mundo es más lento, más predecible, más conectado con los ciclos naturales. Las personas conocen a quienes producen su comida, reparan sus herramientas, cuidan su salud. Hay menos opciones pero más seguridad.

Es también un mundo más desigual territorialmente: las regiones con mejores recursos naturales o ubicaciones estratégicas prosperan más que otras. Sin redistribución global, las diferencias locales se amplifican.

Los conflictos son más pequeños pero más frecuentes: disputas por agua entre valles, tensiones comerciales entre ciudades, desacuerdos sobre uso de bosques compartidos. Al no haber autoridades supralocales efectivas, cada problema requiere negociación directa.

Las preguntas que nos deja: ¿Podemos ser prósperos sin ser globales? ¿Es la resiliencia local compatible con la equidad global? ¿Qué perdemos cuando priorizamos la seguridad sobre la innovación?

Capítulo 20
Cooperación global regenerativa

C: Global + Generativo: «Gobernar desde los límites planetarios: el nuevo orden global premia lo que regenera y conecta»

Bienvenidos al mundo donde la crisis climática no quebró la cooperación global, sino que la transformó completamente. Un mundo donde la humanidad finalmente entendió que el planeta no es un conjunto de mercados fragmentados, sino un sistema vivo interdependiente que requiere cuidado colectivo.

EL DESENCADENANTE: EL PLANETA EXIGIÓ REPRESENTACIÓN

Este escenario emerge de la policrisis de la década de 2020 que cataliza un consenso global sin precedentes. No fue una crisis única, sino la convergencia perfecta: colapso climático acelerado, pérdida masiva de biodiversidad, crisis alimentaria global y colapso institucional de la ONU tras su incapacidad para gestionar emergencias planetarias simultáneas.

El momento de inflexión llegó con la «Crisis de Polinización Global de 2029», cuando el colapso de ecosistemas de abejas amenazó con hambrunas masivas en cinco continentes simultáneamente. Las respuestas nacionales fragmentadas demostraron ser completamente inútiles ante un problema planetario. La humanidad llegó a una conclusión inevitable: los límites planetarios no entienden de fronteras políticas.

La respuesta fue extraordinaria: en lugar de retroceder hacia nacionalismos defensivos, 147 países acordaron crear el PPR, Panel Planetario de Regeneración, con autoridad vinculante sobre cualquier actividad que afecte a los nueve límites planetarios críticos.

LOS PILARES DEL NUEVO ORDEN REGENERATIVO

Los 9 Límites Planetarios como Constitución Global. La ciencia del sistema terrestre, liderada por el Panel Planetario de Regeneración, definió con precisión los nueve límites planetarios como base operativa global. No son recomendaciones: son los artículos fundamentales de la nueva constitución planetaria. Cambio climático, biodiversidad, ciclos biogeoquímicos, uso del agua, acidificación oceánica, capa de ozono, contaminación química, carga de aerosoles y cambio de uso del suelo se convirtieron en los parámetros que rigen toda actividad humana. Cada decisión económica, política o tecnológica debe demostrar que opera dentro de estos límites. No hay excepciones. No hay «intereses nacionales» que prevalezcan sobre la estabilidad planetaria.

La Matriz de Crédito Regenerativo Global. El PIB ha desaparecido como medida de progreso. En su lugar, la MCR (Matriz de Crédito Regenerativo) mide el bienestar planetario y el impacto regenerativo de cada actividad económica. No basta con no hacer daño: toda actividad debe contribuir activamente a la regeneración de ecosistemas. Las empresas, territorios y personas acumulan créditos regenerativos según su contribución a la salud planetaria. Estos créditos se convierten en divisa real: determinan el acceso a recursos, tecnologías y mercados globales. Una empresa de moda que regenera suelos mientras produce textiles tiene acceso preferente a materiales.

Un territorio que restaura bosques recibe prioridad en inversiones tecnológicas.

La Asamblea Planetaria para la Regeneración. La nueva institución global que reemplazó a la ONU tiene autoridad vinculante en todos los temas relacionados con clima, biodiversidad, salud ecosistémica y justicia intergeneracional. No es un foro de negociación: es un parlamento planetario con poder ejecutivo real. Sus decisiones se implementan automáticamente a través de redes tecnológicas globales que rastrean el cumplimiento en tiempo real. No hay forma de evadir o dilatar las regulaciones planetarias.

UN DÍA EN LA VIDA DE ELENA, 2050

Elena se despierta en Estepona, en su apartamento dentro de un edificio que produce más energía de la que consume y purifica más agua de la que usa. Su trabajo como «diseñadora de ecosistemas regenerativos» consiste en crear productos que mejoren activamente los entornos donde se utilizan.

Durante el desayuno —frutas de agricultura regenerativa que secuestran carbono mientras crecen, proteínas cultivadas que requieren 90 % menos recursos que la ganadería tradicional— Elena revisa su asignación diaria de créditos regenerativos. Su trabajo de ayer diseñando embalajes que se convierten en fertilizante le generó 47 créditos. Su participación en la reforestación comunitaria del fin de semana pasado añadió 23 más.

Su primera reunión es con el equipo global del proyecto de restauración de arrecifes del Caribe. Elena se conecta virtualmente con especialistas en Jamaica, México, Colombia y las Bahamas. No están creando productos para vender, están diseñando intervenciones que regeneren ecosistemas marinos mientras generan empleo local. La Matriz Regenerativa ya calculó que este proyecto podría restaurar 50.000 hectáreas de arrecife en cinco años.

A media mañana, Elena recibe una notificación de la Asamblea Planetaria: se ha aprobado su propuesta para usar en la construcción biomateriales derivados de algas. Esto significa que su próximo proyecto —diseñar edificios que absorban CO_2 de la atmósfera— puede empezar inmediatamente. La decisión se tomó en Ginebra, pero se implementó instantáneamente a través de permisos automatizados.

Durante el almuerzo, Elena camina por el distrito de Innovación Regenerativa, donde las empresas más exitosas son las que contribuyen más a la regeneración planetaria. Ve *startups* que desarrollan materiales que se autoreparan usando procesos naturales, laboratorios que crean alimentos que mejoran la biodiversidad del suelo, talleres donde se diseñan productos cuya fabricación restaura ecosistemas degradados.

Por la tarde, Elena participa en una sesión de «educación biocultural»: una forma de aprendizaje que combina ciencia de vanguardia con conocimiento ancestral. Hoy aprende técnicas de permacultura desarrolladas por comunidades indígenas del Amazonas, adaptadas mediante biotecnología para contextos urbanos. El conocimiento local y ancestral se valora al mismo nivel que la ciencia más avanzada.

Al final del día, Elena revisa el impacto regenerativo de su barrio en tiempo real. Las pantallas urbanas muestran cómo cada edificio, cada jardín, cada actividad económica contribuye a los objetivos planetarios. Su distrito ha secuestrado 2,3 toneladas de carbono hoy, ha purificado 15.000 litros de agua y ha proporcionado hábitat para 47 especies de polinizadores.

Antes de dormir, Elena se conecta a la red planetaria de conocimiento regenerativo donde comunidades de todo el mundo comparten innovaciones en tiempo real. Una técnica de restauración de suelos desarrollada en Kenia se está adaptando en Australia. Un método de purificación de agua creado en Holanda se implementa en Bangladesh. El conocimiento fluye libre y constantemente hacia dónde puede generar más regeneración.

LAS SEÑALES QUE YA ESTÁN AQUÍ

Este escenario se construye sobre tendencias que podemos observar en 2025:

Marcos de límites planetarios en políticas. La Unión Europea ya incorpora el concepto de límites planetarios en su Green Deal. Países como Costa Rica y Bután miden el progreso por indicadores de bienestar ecológico en lugar de solo PIB.

Economías de impacto regenerativo. Empresas como Patagonia, Interface y Unilever ya operan con modelos de «impacto positivo neto». Fondos de inversión como Blackrock integran criterios ESG como estándares obligatorios.

Cooperación global en crisis. Durante la pandemia de COVID-19 vimos coordinación científica global sin precedentes para desarrollar vacunas. La crisis climática está generando alianzas similares para compartir tecnologías verdes.

Tecnologías de seguimiento de impacto. Y ya se usa Blockchain para trazabilidad de cadenas de suministro sostenibles. Sensores IoT monitorizan ecosistemas en tiempo real. La IA predice impactos ambientales con precisión creciente.

LAS FUERZAS CONVERGENTES DE NUESTROS RADARES

Radar tecnológico

La tecnología se convierte en el sistema nervioso de la regeneración planetaria. Blockchain mide y verifica el impacto ecológico de cada transacción en tiempo real. Inteligencia artificial y sensores apoyan decisiones sostenibles prediciendo consecuencias ecológicas antes de que ocurran. Biotecnología adapta productos al entorno natural en lugar de forzar el entorno a adaptarse a los productos.

La educación se vuelve inmersiva, combinando realidad aumentada con experiencias reales para unir ciencia de vanguardia con saberes ancestrales. Una red digital planetaria conecta comunidades globalmente para compartir conocimiento regenerativo de forma abierta y constante.

Radar demográfico

Las ciudades se rediseñan como «ciudades regenerativas» que equilibran densidad poblacional con calidad de vida y salud ecosistémica. Se optimiza el uso del espacio y la infraestructura para crear ciudades que producen más recursos de los que consumen.

La longevidad se aborda mediante biotecnología preventiva que mantiene a las personas activas y productivas durante más tiempo, reduciendo la presión sobre sistemas de cuidado. Las políticas de equidad social logran tasas de natalidad sostenibles. La población se redistribuye de manera planificada hacia territorios regenerados que se vuelven habitables.

Radar geopolítico

Las tensiones geopolíticas dan paso a cooperación ecosistémica obligada por la realidad planetaria. La competencia se sustituye por pactos interregionales guiados por los límites planetarios y acuerdos regenerativos. El prestigio geopolítico depende del impacto positivo en el planeta, no del poder militar o económico tradicional.

La seguridad se redefine como estabilidad ecológica compartida. Los conflictos armados se vuelven imposibles porque cualquier daño ambiental activa respuestas automáticas de la Asamblea Planetaria. Se produce un desarme progresivo y una «vuelta al dividendo de paz» donde recursos militares se redirigen hacia regeneración.

Radar planetario

La restauración de ecosistemas se prioriza absolutamente. Se prohíben las técnicas extractivas destructivas y se reemplazan por métodos regenerativos obligatorios. La biodiversidad se integra en todos los tejidos urbanos y productivos mediante infraestructura verde.

Se opera bajo estándares de circularidad estrictos donde no existen «residuos»: todo producto de un proceso se convierte en insumo de otro. La geoingeniería se usa solo para acelerar procesos de regeneración natural, nunca para sustituirlos.

LOS GANADORES Y PERDEDORES

Quienes prosperan

Los regeneradores: personas y organizaciones que desarrollan capacidades para crear valor económico mientras restauran ecosistemas. Son la nueva clase dominante de este mundo.

Los conectores de saberes: especialistas que combinan conocimiento científico con sabiduría ancestral para crear soluciones adaptadas a contextos específicos.

Los territorios con capacidad regenerativa: regiones que pueden contribuir significativamente a la restauración planetaria reciben inversiones masivas y acceso preferente a tecnologías avanzadas.

Quienes se adaptan

Los innovadores tecnológicos: desarrolladores que reorientan sus capacidades hacia la creación de tecnologías regenerativas en lugar de simplemente eficientes.

Los trabajadores cualificados: profesionales que aprenden nuevas competencias orientadas a la regeneración en lugar de solo a la productividad.

Los países con recursos naturales: naciones que pueden aportar ecosistemas críticos para la estabilidad planetaria ganan relevancia geopolítica.

Quienes luchan

Los extractivos puros: industrias y personas cuyo valor se basaba únicamente en extraer recursos sin regenerar nada. Deben reinventarse completamente o desaparecer.

Los localistas extremos: comunidades que rechazan la coordinación global requerida para gestionar problemas planetarios.

Los especuladores financieros: inversores acostumbrados a generar dinero sin crear valor real. El nuevo sistema no permite beneficios que no generen regeneración.

LAS PARADOJAS DE LA GOBERNANZA PLANETARIA

Este mundo ha logrado algo extraordinario: ha creado el primer sistema de gobernanza verdaderamente global basado en límites científicos en lugar de en poder político o económico. Ha demostrado que la cooperación planetaria no solo es posible sino necesaria para la supervivencia.

Pero plantea preguntas complejas sobre autonomía y diversidad cultural. ¿Puede haber espacio para formas de vida que no se adapten a los imperativos regenerativos globales? ¿Qué ocurre con comunidades que tienen valores diferentes sobre la relación con la naturaleza? ¿Es la gobernanza planetaria compatible con la autodeterminación local?

Es un escenario donde la humanidad salvó el planeta, pero al precio de subordinar toda actividad humana a imperativos ecológicos definidos globalmente. Donde la cooperación se volvió obligatoria y la regeneración se convirtió en el único criterio de valor legítimo.

Las preguntas que nos deja: ¿Estamos preparados para subordinar la política a la ecología? ¿Puede la humanidad ser próspera cuando toda actividad está sujeta a límites planetarios estrictos? ¿Es posible la gobernanza global sin homogeneización cultural?

Capítulo 21
Cooperación inteligente

D: Local + Generativo: «Futuros deseables construidos desde la colaboración biorregional, innovación inclusiva y nuevas formas de gobernanza»

Bienvenidos al mundo donde la proximidad y la regeneración se dieron la mano para crear algo completamente nuevo: territorios que aprenden, innovan y prosperan desde la colaboración entre ecosistemas específicos. Un mundo donde lo local no significa aislamiento, sino especialización creativa en diálogo permanente.

EL DESENCADENANTE: LOS TERRITORIOS DESPERTARON

Este escenario emerge del reconocimiento de que ni la globalización extractiva ni el localismo defensivo podían responder a los desafíos del siglo XXI. La respuesta no llegó desde arriba —gobiernos o corporaciones—, sino desde abajo: territorios que empezaron a experimentar con formas inéditas de cooperación biorregional.

El momento de inflexión fue la Confederación de Valles Pirenaicos (2032), cuando ocho valles de España, Francia y Andorra decidieron gestionar conjuntamente sus recursos hídricos, sus bosques y sus conocimientos tradicionales. Su éxito inspiró movimientos similares: la Alianza de Ciudades del Danubio, la Red de Islas Mediterráneas, la Confederación de Bosques Atlánticos.

Para 2040, más del 60 % del planeta se había reorganizado en biorregiones: territorios definidos no por fronteras políticas, sino por ecosistemas compartidos, culturas afines y destinos interconectados.

LOS PRINCIPIOS DEL NUEVO MUNDO COLABORATIVO

La biorregión como sistema operativo. En lugar de países o provincias, el mundo se organiza en biorregiones: territorios delimitados por cuencas hidrográficas, tipos de clima, ecosistemas naturales y culturas históricamente vinculadas. Cada biorregión desarrolla especialidades únicas mientras colabora sistemáticamente con otras. La Biorregión Mediterránea Occidental se especializa en agricultura regenerativa de secano, biotecnología marina y turismo de regeneración. La Biorregión Atlántica se enfoca en energías oceánicas, silvicultura climática y economía azul. Cada territorio hace lo que mejor sabe hacer, pero comparte todo lo que aprende.

Tecnología biomimética distribuida. La innovación no se concentra en Silicon Valleys, sino que emerge desde la observación de ecosistemas locales. Cada biorregión desarrolla tecnologías inspiradas en su naturaleza específica: materiales que imitan estructuras de corales en zonas costeras, algoritmos basados en patrones de vuelo de aves migratorias en rutas de paso y sistemas energéticos que replican procesos de fotosíntesis de plantas nativas. La biotecnología se vuelve verdaderamente local: microorganismos específicos de cada suelo, variedades de cultivos adaptadas a microclimas y medicamentos desarrollados con plantas endémicas.

Economía de la contribución regenerativa. El valor económico se mide por la capacidad de regenerar ecosistemas y fortalecer comunidades. Las «monedas biorregionales» se basan en indicadores de salud territorial: biodiversidad, calidad del agua, fertilidad del suelo, cohesión social, conocimiento compartido. Un agricultor que restaura un humedal genera «créditos de agua». Un educador que transmite saberes tradicionales genera «créditos de cultura». Un ingeniero que diseña tecnologías de código abierto genera «créditos de innovación». Todos se pueden intercambiar dentro de la biorregión y con territorios afines.

UN DÍA EN LA VIDA DE TOMÁS, 2050

Tomás se despierta en su casa en Soria, en el corazón de la Biorregión de las Mesetas Ibéricas. Su trabajo como «tejedor de conocimientos» lo conecta diariamente con especialistas de territorios similares: las Grandes Llanuras de América del Norte, las estepas de Mongolia, los campos de Ucrania. Todos comparten el desafío de regenerar pastizales degradados mientras mantienen economías prósperas.

Después del desayuno —miel de la cooperativa local, pan de cereales ancestrales, queso de ovejas churras—, Tomás revisa los experimentos que están funcionando en otros territorios de pastizal. En Nebraska han desarrollado un sistema de pastoreo rotacional guiado por drones que imita el comportamiento de las manadas de bisontes. En Mongolia están usando microorganismos del suelo para secuestrar carbono mientras alimentan al ganado tradicional.

Su tarea hoy es adaptar estas innovaciones al contexto soriano: ¿cómo integrar el pastoreo rotacional con la trashumancia tradicional? ¿Qué microorganismos locales podrían cumplir funciones similares a los mongoles? Su trabajo no es copiar, sino traducir innovaciones a la especificidad de su territorio.

A media mañana, Tomás se conecta virtualmente con el Consejo Biorregional, donde representa a los ganaderos de su zona. Hoy debaten una propuesta de la Biorregión Pirenaica: intercambiar conocimientos sobre razas autóctonas a cambio de técnicas de manejo de bosques en zonas de transición. Tomás aporta datos sobre cómo las ovejas churras pueden ayudar a prevenir incendios mediante pastoreo controlado.

Durante el almuerzo, Tomás visita el laboratorio de suelos comunitario, donde analiza muestras de los pastos experimentales. Los resultados son prometedores: la materia orgánica ha aumentado un 15 % en dos años. Esto significa más agua retenida, más carbono secuestrado, más biodiversidad. Documenta todo meticulosamente para compartirlo con la red de territorios de pastizal.

Por la tarde, Tomás dedica tiempo a lo que más le gusta: trabajar directamente con las ovejas en el monte. Observa cómo se comportan en las nuevas parcelas de pastoreo, qué plantas prefieren y cómo interactúan con la fauna silvestre que está regresando. Esta observación directa es la base de todo: sin entender el territorio específico, las innovaciones de otros lugares no funcionan.

Al final del día, Tomás participa en la asamblea del pueblo, donde se decide cómo invertir los créditos de regeneración que han generado este trimestre. Las opciones incluyen ampliar el sistema de compostaje comunitario, financiar una investigación sobre variedades locales de leguminosas o crear un intercambio de jóvenes con la Biorregión de los Apeninos para aprender técnicas de silvopastoreo.

La decisión se toma mediante un proceso que combina la sabiduría de los mayores, los datos de los técnicos y las aspiraciones de los jóvenes. Ganó la propuesta del intercambio: invertir en personas siempre regenera más que invertir en infraestructuras.

Antes de dormir, Tomás actualiza el «diario del territorio», un registro colectivo donde todos los habitantes documentan cambios en el paisaje, el clima, la biodiversidad y las relaciones sociales. Esta información alimenta algoritmos biorregionales que ayudan a anticipar tendencias y ajustar estrategias.

LAS SEÑALES QUE YA ESTÁN AQUÍ

Este escenario se construye sobre movimientos emergentes: Biorregionalismo aplicado. La Macrorregión Alpina ya coordina políticas de ocho países. California gestiona recursos por cuencas hidrográficas. Los Países Bajos cooperan con regiones climáticamente similares para desarrollar estrategias de adaptación.

Tecnología biomimética local. Empresas como Velcro surgieron de observar plantas locales. Corporaciones como Mondragón desarrollan tecnologías basadas en ecosistemas locales. Empresas especializadas imitan técnicas de construcción de castores para obras hidráulicas o desarrollan materiales inspirados en corales mediterráneos.

Monedas y economías locales regenerativas. *Ithaca HOURS*, Berkshares y Sol-Violette son monedas locales que funcionan desde hace décadas. El País Vasco experimenta con indicadores de bienestar territorial que podrían evolucionar hacia monedas regenerativas.

Redes de aprendizaje territorial. La Red de Ciudades por el Clima, Transition Network y Cittaslow son ejemplos de territorios que aprenden unos de otros manteniendo sus especificidades.

LAS FUERZAS CONVERGENTES
DE NUESTROS RADARES

Radar tecnológico

La tecnología se desarrolla desde la observación de ecosistemas específicos. La inteligencia artificial se entrena con patrones naturales locales: algoritmos que imitan el comportamiento de insectos polinizadores para optimizar la agricultura, sistemas de comunicación basados en redes de hongos micorrícicos y arquitecturas que replican estructuras de nidos de aves locales.

La biotecnología se vuelve verdaderamente local: cada biorregión desarrolla microorganismos específicos de sus suelos, variedades de cultivos adaptadas a sus microclimas y medicamentos elaborados con plantas endémicas.

Los metamateriales se diseñan usando recursos disponibles localmente: materiales que integran fibras de plantas regionales, minerales específicos de cada territorio y técnicas de procesamiento adaptadas a energías renovables locales.

Radar demográfico

El envejecimiento se convierte en «sabiduría territorial»: las personas mayores son valoradas como bibliotecas vivientes del conocimiento local. Se crean programas intergeneracionales en los que los mayores enseñan técnicas tradicionales, mientras los jóvenes aportan innovaciones tecnológicas.

La migración se gestiona como «intercambio de saberes»: las personas se mueven temporalmente entre biorregiones similares para aprender técnicas específicas. Un joven de la Toscana pasa dos años en Andalucía aprendiendo manejo de olivares en secano, mientras un andaluz aprende viticultura en colinas toscanas.

Las ciudades se convierten en «nodos de coordinación biorregional»: centros donde confluyen conocimientos rurales y urbanos, donde se procesan productos del territorio y donde se toman decisiones colectivas sobre gestión de recursos.

Radar geopolítico

La geopolítica se reorganiza en «diplomacia de ecosistemas»: las biorregiones negocian basándose en complementariedades ecológicas. Las regiones de montaña cooperan en la gestión de recursos hídricos, las zonas costeras coordinan la protección marina y los territorios forestales comparten técnicas de manejo sostenible.

Los conflictos se resuelven mediante «mediación ecosistémica»: cuando hay disputas por recursos, se buscan soluciones que beneficien al ecosistema conjunto. El agua, los bosques y los suelos se gestionan como bienes comunes que requieren cuidado colaborativo. El comercio se basa en «intercambios regenerativos»: se privilegian productos y servicios que mejoran los ecosistemas de origen y destino. No se comercia solo con bienes, sino también con conocimientos, técnicas, semillas y microorganismos beneficiosos.

Radar planetario

Los límites planetarios se gestionan mediante «custodias biorregionales»: cada territorio se responsabiliza de regenerar su porción del planeta mientras colabora con otros en desafíos globales. El cambio climático se aborda mediante «acupuntura planetaria»: intervenciones específicas en puntos clave de cada ecosistema.

La biodiversidad se expande mediante «corredores de cooperación»: conexiones entre biorregiones que permiten flujos de especies, genes y conocimientos. Los Pirineos se conectan con los Alpes, que se conectan con los Cárpatos, creando una red de montañas europeas colaborativas.

La regeneración se acelera mediante «innovación distribuida»: cada territorio experimenta con técnicas específicas de restauración, y los éxitos se adaptan a condiciones similares en otras biorregiones.

LOS GANADORES Y PERDEDORES

Quienes prosperan

Los conectores de territorios: especialistas que viajan entre biorregiones similares compartiendo conocimientos y adaptando innovaciones. Son los nuevos «comerciantes de la Ruta de la Seda», pero comercian con saberes.

Las comunidades con identidad territorial fuerte: grupos humanos que conocen profundamente su ecosistema y tienen culturas adaptadas a él. Su conocimiento local se vuelve la base de la innovación.

Los jóvenes aventureros-regeneradores: personas que combinan formación técnica con pasión por experimentar en territorios diversos. Viven vidas nómadas, pero siempre orientadas a la regeneración.

Quienes se adaptan

Los urbanitas reconectados: personas de ciudades que aprenden a valorar y participar en la economía territorial. Muchos desarrollan trabajos híbridos entre ciudad y campo.

Los técnicos humanizados: especialistas que aprenden a integrar conocimiento científico con saberes tradicionales. Descubren que la innovación emerge de esta síntesis.

Los empresarios regenerativos: emprendedores que crean negocios que benefician tanto a la economía como al ecosistema. El éxito se mide en regeneración, no solo en beneficios.

LAS PARADOJAS DE LA COOPERACIÓN INTELIGENTE

Este mundo ha logrado algo extraordinario: combinar la eficiencia de la especialización con la resiliencia de la diversidad. Ha creado un sistema donde lo local y lo global se potencian mutuamente en lugar de oponerse.

En este mundo emergen desarrollos extraordinarios. Universidades biorregionales: centros de aprendizaje distribuidos por todo el territorio donde se estudian los ecosistemas locales mientras se conecta con conocimientos globales. Cada estudiante pasa tiempo en biorregiones similares de otros continentes. Tecnologías de código abierto territorial: innovaciones desarrolladas colaborativamente entre territorios similares. Un sistema de riego desarrollado en Israel se adapta colaborativamente en Australia, Chile y California. Festivales de intercambio regenerativo: encuentros periódicos donde las biorregiones comparten innovaciones, técnicas, productos y culturas. Son como ferias medievales, pero orientadas a la regeneración planetaria. Sistemas de trazabilidad regenerativa: tecnologías que permiten seguir no solo el origen de los productos, sino su impacto regenerativo completo. Cada compra es un voto por el tipo de mundo que queremos crear.

Este mundo es más diverso, más experimentador, más conectado con la especificidad de cada lugar. Las personas conocen íntimamente su territorio, pero se sienten ciudadanas del planeta. Hay menos estandarización, pero más innovación contextual.

Es también un mundo más lento en algunos aspectos: las decisiones se toman mediante procesos participativos que requieren tiempo. Pero es más rápido para adaptarse: cada territorio experimenta continuamente, y las innovaciones exitosas se propagan rápidamente entre territorios similares.

Los conflictos son menos frecuentes porque los intereses están más alineados; cuando el bienestar depende de la salud del ecosistema compartido, cooperar es más inteligente que competir.

Pero requiere un nivel de madurez social y política que no todas las sociedades poseen. Funciona cuando las personas valoran tanto el bienestar colectivo como el individual, cuando confían en procesos colaborativos, cuando priorizan el largo plazo sobre los beneficios inmediatos.

Es un escenario que nos plantea una pregunta fundamental: ¿estamos listos para ser verdaderamente ciudadanos de nuestros territorios y del planeta simultáneamente? ¿Podemos evolucionar hacia formas de cooperación que honren tanto la diversidad local como la interdependencia global?

Capítulo 22
Sembrar futuros posibles

Regresamos a 2025. Ya no somos quienes partimos. La exploración por territorios posibles ha transformado nuestra mirada: lo que antes parecía inevitable ahora se revela como una opción entre muchas.

Los cuatro mundos que hemos habitado —la eficiencia vigilada, la resiliencia territorial, la cooperación regenerativa global y la colaboración biorregional— no eran destinos predeterminados, eran laboratorios.

Lo más probable es que el futuro combine elementos de varios escenarios: algunas regiones desarrollarán sistemas de alta eficiencia, otras priorizarán la resiliencia local; algunas experimentarán con gobernanza planetaria regenerativa, otras optarán por cooperación biorregional.

La pregunta no es cuál de ellos saldrá ganador, sino qué aspectos de cada uno queremos cultivar y cuáles queremos evitar. El futuro no es un destino al que llegamos, sino un jardín que plantamos con nuestras decisiones cotidianas.

Los escenarios no son profecías que se cumplen solas. Son mapas que nos ayudan a navegar mejor el presente. Herramientas para tomar decisiones más conscientes sobre el tipo de mundo que queremos construir.

En mi trabajo como consejera, he visto cómo las organizaciones que dedican tiempo a imaginar futuros posibles —no para predecirlos, sino para prepararse— toman mejores decisiones estratégicas. Desarrollan la capacidad de reconocer cambios de contexto y ajustar el rumbo sin perder el propósito.

Lo mismo ocurre a nivel personal y social. Cuando hemos ejercitado la imaginación, cuando hemos ensayado mentalmente diferentes escenarios, estamos mejor preparados para responder de forma inteligente a lo que venga. No porque sepamos exactamente qué va a pasar, sino porque hemos entrenado nuestra capacidad de adaptación consciente.

Cada uno de nosotros, desde nuestro lugar específico —sea una empresa, una institución pública, una organización social o una familia—, puede usar estos mapas para orientar nuestras decisiones:

¿Qué tipo de tecnologías desarrollamos, compramos, promovemos? ¿Aquellas que nos optimizan desde fuera o las que amplían nuestra capacidad de decisión?

¿Cómo organizamos nuestro trabajo, nuestras comunidades, nuestros territorios? ¿Priorizando la eficiencia a corto plazo o construyendo resiliencia a largo plazo?

¿Cómo medimos el éxito, el progreso, el bienestar? ¿Solo por indicadores económicos o integrando la salud de los ecosistemas y las comunidades?

¿Cómo equilibramos autonomía local y cooperación global? ¿Desde el repliegue defensivo o desde la colaboración inteligente?

Al final de este viaje por futuros posibles, lo que más me importa subrayar es una verdad simple pero fundamental: el futuro se construye en el presente. No en 2050, sino ahora. En las decisiones que tomamos hoy, en las conversaciones que sostenemos, en los proyectos que iniciamos, en los liderazgos que elegimos.

Los escenarios nos han servido para afinar la mirada, para reconocer patrones, para desarrollar criterio. Pero su valor real se mide en cómo cambian nuestras acciones cotidianas, en cómo nos ayudan a ser más conscientes del tipo de futuro que estamos sembrando.

No necesitamos esperar a que alguien diseñe el mundo que viene. Podemos empezar a construirlo desde donde estamos, con los recursos que tenemos y en colaboración con quienes nos rodean. Los futuros más deseables no llegarán por inercia: emergerán de la acumulación de millones de decisiones conscientes, tomadas por personas que han dedicado tiempo a imaginar hacia dónde quieren ir.

EL FIN DEL VIAJE

Comenzamos este libro sintiendo que algo fundamental había cambiado en nuestro mundo; que las certezas del siglo XX ya no funcionaban en un presente que se movía a otra velocidad. Esa intuición nos llevó a mirar atrás, a comprender las transformaciones profundas que han moldeado las últimas décadas. Después regresamos al presente para afinar nuestra capacidad de leer señales emergentes. Y, finalmente, nos atrevimos a caminar por territorios de futuro para ensayar posibilidades.

Ahora que el ciclo se cierra, lo que tengo claro es que no se trataba solo de entender el cambio. Se trataba de recuperar nuestra capacidad de ser protagonistas de él, de pasar de la perplejidad a la acción consciente, de transformar la incertidumbre de obstáculo en oportunidad.

El mundo que intuíamos al comenzar el viaje —complejo, interconectado, en transformación acelerada— sigue siendo el mismo. Pero espero que la forma de habitarlo haya cambiado. Que no lo vivamos como algo que nos pasa, sino como algo en lo que participamos. No como un destino inevitable, sino como un territorio que podemos contribuir a diseñar.

El *sherpa* que te ha acompañado en este viaje también se transforma. Ya no es solo quien guía hacia territorios desconocidos, sino quien ha aprendido que el mejor mapa se construye caminando, en compañía, prestando atención tanto al horizonte como al suelo que pisamos.

Hemos completado un ciclo. Y, como todo ciclo que vale la pena, no nos devuelve al mismo lugar. Nos deposita en un territorio familiar, pero con ojos nuevos, con herramientas distintas, con una responsabilidad renovada.

El futuro ya no es algo que nos espera. Es algo que estamos construyendo. Y ahora sabemos cómo hacerlo con más conciencia, más intención, más esperanza.

Campamento V:
Mirar el horizonte

El fuego de esta noche arde en una meseta desde donde se divisan los cuatro valles que hemos explorado durante estos días. Al noroeste, el valle de la Fragmentación y Control brilla con luces ordenadas y constantes. Al suroeste, el de la Resiliencia Territorial humea con las chimeneas de talleres locales. Al noreste, el de la Cooperación Global Regenerativa resplandece con una luz suave y uniforme. Al sureste, el de la Cooperación Inteligente danza con constelaciones que cambian según las necesidades del momento.

Nos sentamos alrededor del fuego, pero algo ha cambiado en nosotros. Después de caminar por territorios de futuro, después de respirar aires de tiempos que aún no llegan, ya no somos los mismos que comenzamos este viaje.

Como *sherpa*, alimento el fuego con ramas secas y siento que mi papel está cambiando. Ya no soy solo quien guía el camino: ahora somos una inteligencia colectiva que ha aprendido a mirar juntos.

Exploradora se acurruca cerca de las llamas; sus ojos reflejan algo entre fascinación e inquietud:

—He estado en laboratorios de inteligencia artificial, pero nunca había experimentado algo como los mundos que acabamos de visitar. En el valle del noroeste, vi sistemas que optimizaban cada decisión humana mediante vigilancia total. En el del suroeste, comunidades que habían aprendido a prosperar con tecnología robusta y proximidad. En el del noreste, una humanidad que había subordinado todo a la regeneración planetaria coordinada globalmente. En el del sureste, territorios que innovaban desde sus propios ecosistemas, colaborando entre sí. Cada uno tenía su propia definición de progreso.

Constructor remueve los tizones, pensativo:

—Para mí ha sido revelador ver cómo, en cada valle, el concepto mismo de «negocio exitoso» era completamente diferente. En el noroeste, el éxito se medía por optimización algorítmica y eficiencia total. En el suroeste, por contribución a la resiliencia local y durabilidad. En el noreste, por regeneración planetaria verificable globalmente. En el sureste, por fortalecimiento de ecosistemas territoriales y cooperación biorregional. Me pregunto: ¿qué tipo de empresas estoy construyendo hoy? ¿Para qué futuro las estoy preparando?

Puente habla con su voz melodiosa:

—Lo que más me ha impactado es descubrir que en cada valle había un lugar para personas como yo, pero roles muy diferentes. En el noroeste, era optimizadora de cuidados según algoritmos. En el suroeste, tejedora de saberes comunitarios de proximidad. En el noreste, facilitadora de cooperación global regenerativa. En el sureste, conectora de territorios diversos con ecosistemas similares. Mi experiencia de estar entre mundos se valoraba de formas distintas según el sistema.

Sistema asiente lentamente:

—He trabajado en políticas públicas durante décadas, pero nunca había visto tan claramente que cada modelo político requiere un tipo diferente de ciudadanía. En el noroeste, ciudadanos optimizados que acatan sistemas eficientes. En el suroeste, ciudadanos resilientes que se autoorganizan localmente. En el noreste, ciudadanos planetarios que priorizan los límites regenerativos. En el sureste, ciudadanos territoriales que cooperan desde la especificidad. La pregunta es: ¿qué tipo de ciudadanía estamos formando hoy?

Observo cómo la conversación fluye de forma diferente a como empezó nuestro viaje. Ya no son voces aisladas compartiendo impresiones. Es una inteligencia colectiva procesando experiencias complejas.

Aurora se pone de pie con energía renovada:

—¿Sabéis qué me resulta más esperanzador? Que en tres de los cuatro valles la crisis climática se había resuelto, pero de formas completamente diferentes. En el noroeste, mediante control algorítmico y racionamiento inteligente. En el noreste, mediante coordinación global regenerativa obligatoria. En el sureste, mediante cooperación territorial innovadora. Solo en el suroeste seguía siendo una lucha diaria gestionada con resiliencia local. Eso me dice que tenemos opciones reales.

Cuidado añade con suavidad:

—Y yo he visto que en todos los valles había formas de cuidar, pero muy distintas. En el noroeste, cuidado optimizado por algoritmos que decidían por nosotros. En el suroeste, cuidado comunitario de proximidad entre personas que se conocen. En el noreste, cuidado coordinado globalmente según estándares planetarios. En el sureste, cuidado integrado en la economía territorial regenerativa. La pregunta es: ¿en cuál de esos cuidados querríamos ser cuidados?

Raíz golpea suavemente el suelo con su bastón:

—Desde el territorio, estos valles me recordaron a las estaciones. Cada uno tiene su momento, su propósito, su belleza. Pero también sus límites. Una cosecha perenne no existe. Los sistemas también necesitan rotación, descanso, regeneración. Quizá no se trata de elegir un valle, sino de saber cuándo cada lógica es necesaria.

Me levanto y camino alrededor del fuego. Siento que estamos llegando a algo importante.

—Lo que me fascina de esta conversación es que estamos procesando complejidad sin simplificarla. Cada valle tenía aspectos deseables y aspectos inquietantes. No estamos buscando el «mejor» futuro, sino entendiendo las opciones y sus implicaciones. Eso es exactamente lo que se necesita en tiempos de polarización.

Síntesis levanta su tableta mostrando diagramas:

—Exacto. He estado mapeando nuestras reacciones y emerge un patrón: todos valoramos elementos de varios valles. Nadie eligió un futuro puro. Todos queremos eficiencia sin vigilancia total, resiliencia sin aislamiento, cooperación global sin pérdida de autonomía, innovación territorial sin fragmentación mundial. Buscamos síntesis, no pureza.

Memoria se aclara la garganta:

—Eso me recuerda a las grandes transiciones que he vivido. Durante la llegada de Internet, también había múltiples futuros posibles. Algunos apostaron por la centralización, otros por la descentralización, otros por la regulación, otros por la libertad total. Al final, lo que emergió fue una mezcla compleja de todos esos elementos. Quizá estos futuros también se combinarán de formas que aún no imaginamos.

Las llamas danzan mientras hablo:

—Entonces, la pregunta ya no es qué valle elegimos, sino qué elementos de cada uno queremos cultivar. Y eso requiere algo que hemos estado desarrollando durante todo este viaje: la capacidad de mantener conversaciones complejas sin polarizarnos, de construir inteligencia colectiva real.

Resonancia se inclina hacia delante:

—Es verdad. Al principio de este viaje, cada uno venía con sus propias preocupaciones, sus propios marcos, sus propios sesgos. Pero hemos aprendido a construir comprensión compartida sin renunciar a nuestras perspectivas específicas.

Flujo añade:

—Y hemos demostrado que la inteligencia colectiva no surge de la suma de conocimientos individuales, sino de la interacción entre miradas diferentes. Cada valle cobraba sentido cuando lo mirábamos desde múltiples perspectivas, cuando conectábamos nuestras experiencias diversas.

Miro los rostros alrededor del fuego. Algo fundamental ha cambiado en todos nosotros.

—Creo que hemos hecho algo más importante que explorar futuros posibles. Hemos demostrado que es posible sostener conversaciones complejas sobre temas complejos sin caer en simplificaciones populistas. Hemos recreado algo que se está perdiendo: un espacio público donde la inteligencia colectiva puede emerger. Y eso es lo que más necesita nuestro tiempo. Pensar juntos.

Semilla sonríe:

—En mi escuela veo todos los días cómo los niños, cuando se sienten seguros y escuchados, son capaces de procesar una complejidad que los adultos creemos imposible. Este viaje me ha recordado que tenemos esa capacidad; solo necesitamos espacios donde ejercitarla. Espacios como este fuego.

Aurora mira hacia los cuatro valles iluminados:

—Lo que más me esperanza es que ahora sabemos que hay opciones. Que el futuro no está predeterminado. Que podemos elegir conscientemente hacia dónde queremos ir o qué elementos de cada modelo queremos cultivar.

Constructor asiente:

—Y sabemos que esas decisiones se toman cada día, en nuestros trabajos, en nuestras comunidades, en nuestros votos. Ya no podemos decir que no sabíamos que había alternativas.

El fuego crepita suavemente mientras el silencio nos abraza. No necesitamos palabras para saber que algo importante ha ocurrido aquí. Hemos aprendido a mirar juntos hacia horizontes complejos sin perdernos en la complejidad.

Mañana comenzaremos el descenso hacia el presente, pero llevamos algo nuevo: la certeza de que podemos sostener conversaciones que el mundo necesita. La convicción de que la inteligencia colectiva es posible, incluso —especialmente— en tiempos polarizados.

Los valles brillan a lo lejos, recordándonos que el futuro está lleno de posibilidades. Y nosotros hemos aprendido a mirarlas sin miedo, con curiosidad, con responsabilidad.

El horizonte nos espera.

Epílogo:
¿Un nuevo renacimiento europeo?

Los cuatro futuros que hemos explorado a lo largo de este viaje no son especulaciones abstractas. Son opciones reales que se están construyendo ahora mismo, en tiempo real, mientras leemos estas líneas.

China avanza decididamente hacia la eficiencia vigilada: ciudades inteligentes que optimizan cada movimiento ciudadano, crédito social que recompensa comportamientos deseables, algoritmos que predicen y previenen problemas antes de que emerjan. Es un modelo que funciona, que genera prosperidad y estabilidad, pero que requiere ceder autonomía individual a cambio de bienestar colectivo.

Estados Unidos, a través de Silicon Valley, experimenta con la benevolencia algorítmica: inteligencias artificiales que aprenden nuestras preferencias mejor que nosotros mismos, sistemas que nos optimizan la vida sin que tengamos que tomar decisiones complejas, tecnologías que prometen cuidarnos infinitamente. Es seductor, pero nos convierte en usuarios de nuestras propias vidas.

Múltiples regiones del mundo se repliegan hacia la resiliencia defensiva: fronteras más altas, cadenas de suministro más cortas, comunidades más cerradas. Es comprensible ante la incertidumbre, pero limita las posibilidades de lo que podemos crear juntos.

Europa puede liderar la cooperación regenerativa. No solo puede, debe hacerlo. Porque, si no lo hace Europa, ¿quién?

189

El legado y el reto

Europa no es solo un continente o un bloque económico. Es el laboratorio donde nació la idea moderna de que mundos diferentes pueden convivir y prosperar juntos. Desde las cooperativas vascas de Mondragón hasta los modelos nórdicos de bienestar, desde la innovación tecnológica de Estonia hasta la agricultura regenerativa mediterránea, Europa ha sido un continente de experimentación permanente.

Desde las ciudades-Estado del Mediterráneo que comerciaban entre culturas diversas, hasta los monasterios irlandeses que preservaron conocimientos clásicos, pasando por el Renacimiento florentino que sintetizó tradiciones múltiples, hasta llegar a la Unión Europea que transformó enemigos históricos en socios, este continente ha experimentado durante milenios con la alquimia más compleja de la civilización: crear unidad desde la diversidad.

Europa no lo ha hecho perfectamente. Este continente también fue cuna del colonialismo, de las guerras mundiales, de los totalitarismos. Pero precisamente por esa experiencia histórica, existe una responsabilidad especial: Europa conoce el precio de la fragmentación y el valor de la cooperación.

La autocrítica necesaria

Pero seamos honestos: Europa no puede reclamar liderazgo desde la nostalgia ni desde la superioridad moral. Primero necesitamos una autocrítica profunda que reconozca dónde hemos fallado y por qué nos encontramos en esta encrucijada.

Durante décadas, nuestras instituciones se han burocratizado, alejándose de la realidad cotidiana de los ciudadanos. Mientras construíamos mercados comunes y políticas coordinadas, perdimos la capacidad de generar narrativas que conectaran emocionalmente con las aspiraciones de las personas. Dejamos que la eficiencia técnica sustituyera al propósito compartido.

El proyecto europeo se volvió un mecanismo sofisticado de gestión, pero perdió alma. Y cuando llegaron las crisis superpuestas —financiera, migratoria, sanitaria, climática—, nuestras respuestas fueron tardías, fragmentadas, insuficientes. Demostramos que sabíamos administrar la prosperidad, pero no gestionar la incertidumbre.

Mientras tanto, fuimos perdiendo músculo civilizatorio. Nos acomodamos en dividendos estratégicos que creíamos permanentes: la protección militar estadounidense, la energía barata rusa, la manufactura competitiva china. Construimos nuestro bienestar sobre dependencias que, cuando se quebraron, nos dejaron vulnerables y desorientados.

Y lo más grave: permitimos que el desconcierto ante la velocidad del cambio se convirtiera en terreno fértil para quienes venden simplicidad autoritaria. Ante la complejidad de gobernar sociedades hiperconectadas, muchos europeos están tentados a votar por quien prometa devolver un orden que nunca volverá.

Los cimientos que debemos cuidar

Pero esta autocrítica no debe llevarnos al autodesprecio. Al contrario: debe hacernos conscientes de la fortaleza de lo que hemos construido y de la responsabilidad que tenemos de cuidarlo.

Europa ha desarrollado el sistema más sofisticado de la historia para gestionar la diversidad sin caos. Nuestro «milagro» no es casual; se basa en cimientos que son superiores a cualquier alternativa existente.

Reglas compartidas que permiten la diversidad: desde el derecho romano hasta las instituciones comunitarias, Europa ha perfeccionado el arte de crear marcos comunes que no homogeneizan, sino que coordinan. Múltiples sistemas educativos diferentes pueden intercambiar estudiantes. Diecisiete monedas distintas conviven con el euro. Veintisiete democracias diversas toman decisiones conjuntas. Esto no es burocracia: es ingeniería civilizatoria.

Instituciones que median entre intereses diversos: nuestros parlamentos, tribunales y consejos reguladores no son perfectos, pero han logrado algo extraordinario: convertir conflictos potencialmente destructivos en tensiones productivas. Un agricultor francés y un programador estonio pueden tener intereses diferentes, pero existe un marco institucional que los articula sin aplastarlos.

Valores democráticos que priorizan el diálogo sobre la imposición: Europa ha desarrollado culturas políticas donde se acepta que el otro pueda tener razón, donde se puede cambiar de opinión sin perder legitimidad, donde la disidencia es valorada como contribución. Esto parece obvio, pero es extraordinariamente raro en la historia humana.

Sistemas de redistribución que han creado las mayores cotas de bienestar de la historia: nuestros estados del bienestar, con todas sus imperfecciones, han demostrado que es posible combinar prosperidad económica con cohesión social. Han creado las sociedades más equitativas, más longevas y más educadas que han existido jamás.

Estos cimientos no son naturales ni automáticos ni funcionan por separado. Forman parte de un sistema, de un modelo, el nuestro. Son logros civilizatorios frágiles que requieren cuidado constante. Y, precisamente porque funcionan tan bien, tendemos a darlos por garantizados.

La trampa del «orden desde el caos»

Aquí radica el peligro más grave que enfrentamos. Los movimientos antisistema, desde los extremos populistas hasta los autoritarismos tecnológicos, venden una narrativa seductora: destruyamos lo que no funciona y del caos emergerá un orden mejor.

Es mentira. Una mentira peligrosa que hemos visto repetirse a lo largo de la historia.

El caos no genera orden espontáneamente. Los sistemas complejos, cuando colapsan, no evolucionan automáticamente hacia formas superiores: se degradan hacia formas más primitivas. Los que promueven la destrucción institucional raramente construyen algo mejor que lo que destrozan.

Europa lo sabe por experiencia propia. Hemos visto cómo la destrucción de la democracia de Weimar no llevó a un orden mejor, sino al nazismo. Cómo el colapso de Yugoslavia no produjo una federación renovada, sino guerras étnicas. Cómo la caída de los regímenes comunistas no generó automáticamente democracias prósperas, sino, en muchos casos, oligarquías autoritarias.

Los vándalos que destruyeron Roma no construyeron un imperio mejor. Los señores feudales que emergieron de la caída del mundo clásico no crearon una civilización superior. En ambos casos, la humanidad tardó siglos en recuperar los niveles de desarrollo que se perdieron.

La complejidad democrática, aunque incómoda, aunque lenta, aunque imperfecta, es superior a la simplicidad autoritaria. Nuestras instituciones, aunque burocráticas, son superiores a la arbitrariedad del poder personal. Nuestros procesos, aunque lentos, generan decisiones más sabias que los impulsos autoritarios.

Elevar la respuesta a la altura del reto

Pero no basta con defender lo existente. Europa debe asumir su responsabilidad histórica de demostrar que existe una alternativa superior tanto al autoritarismo eficiente como al repliegue defensivo.

Ahora, cuando el mundo se fragmenta entre modelos que prometen eficiencia a cambio de libertad, algoritmos benevolentes que cuidan mejor de lo que las personas se cuidan a sí mismas, o repliegues defensivos que protegen lo cercano abandonando lo común, Europa tiene la responsabilidad histórica de demostrar que existe otro camino.

No se trata de imponer nuestro modelo al mundo. Se trata de demostrar que es posible. Que se puede construir prosperidad sin vigilancia extrema. Que se puede alcanzar eficiencia sin pérdida de humanidad. Que se puede lograr progreso sin devastación planetaria. Que la diversidad es una fortaleza, no una debilidad. La competencia no debe desaparecer porque estimula la creación, pero debe hacerse en un marco de cooperación reglado e inteligente.

La pregunta no es si podemos permitirnos liderar esta transformación, sino si podemos permitirnos no hacerlo. Ante las «aristopías» emergentes de 2050, donde las élites prosperan mientras las mayorías solo sobreviven, Europa debe mostrar nuevamente que existe otra posibilidad.

Esto requiere un consenso europeo que vaya más allá de los mercados comunes o las políticas coordinadas. Requiere un nuevo contrato civilizatorio que integre: democracia algorítmica —sistemas de inteligencia artificial que amplifiquen la sabiduría colectiva en lugar de reemplazarla—; economía regenerativa —aquella en la que el éxito se mide por la capacidad de restaurar ecosistemas y fortalecer comunidades—; y gobernanza biorregional —territorios organizados según límites ecológicos que cooperan a partir de afinidades naturales y culturales—.

El renacimiento o la decadencia

Estamos en un momento equivalente a aquellos grandes puntos de inflexión que han definido la historia europea. Como cuando el Renacimiento emergió del caos medieval para redescubrir la dignidad humana. Como cuando la Ilustración respondió al dogmatismo con la razón y la tolerancia. Como cuando la reconstrucción de la posguerra transformó enemistades ancestrales en la mayor experiencia de cooperación voluntaria de la historia.

En cada uno de esos momentos, Europa pudo haber elegido la decadencia. Pudo haberse resignado a ser una civilización en declive, superada por potencias más jóvenes y dinámicas. Pero, en cada ocasión, encontró la energía para reinventarse, para extraer de su propia crisis los elementos de una renovación que después inspiró al mundo.

Hoy enfrentamos la misma elección. Podemos ser los últimos herederos de una civilización agotada, administrando declive mientras contemplamos cómo otros definen el futuro. O podemos ser los primeros protagonistas de un nuevo renacimiento que demuestre que los valores europeos —democracia, diversidad, solidaridad, sostenibilidad— no son reliquias del pasado, sino herramientas del futuro.

Esto no requiere arrogancia ni nostalgia. Requiere humildad para reconocer nuestros errores y convicción para defender nuestros logros y valores. Y es urgente.

El futuro se construye hoy: liderazgo para una nueva era

En este momento crítico de 2025, en el que las grietas sistémicas se han vuelto visibles, no podemos permitirnos el lujo ni de la nostalgia ni del populismo. El futuro se está construyendo ahora mismo, y necesitamos urgentemente un liderazgo capaz de generar respuestas regenerativas para una nueva era.

Europa tiene 450 millones de habitantes distribuidos en una extraordinaria diversidad de territorios, culturas y tradiciones. Si incluso una pequeña fracción de ellos abraza conscientemente esta responsabilidad civilizatoria, si entiende que está participando en algo más grande que sus vidas individuales, Europa puede cambiar la dirección del mundo.

No se trata de crear un nuevo imperio. Se trata de crear un ejemplo tan atractivo, tan próspero, tan humano, que otros quieran experimentar con variaciones de él. Cada rincón de Europa puede aportar su experiencia única a esta síntesis civilizatoria.

Este es el momento de inflexión. Esta es la responsabilidad histórica. Este es el consenso que Europa se debe a sí misma y al mundo.

La incomprensión de la complejidad que nos rodea está llevando a demasiadas sociedades a votar por renunciar a su libertad. Es la opción más fácil, pero también la más peligrosa. Porque, cuando delegamos la responsabilidad de pensar y decidir en líderes autoritarios que prometen simplicidad, estamos entregando exactamente aquello que nos hace humanos: nuestra capacidad de discernir, de cooperar, de construir juntos.

El liderazgo que necesitamos no es el del caudillo que tiene todas las respuestas, sino el del facilitador que ayuda a que emerjan las respuestas colectivas. No es el del visionario solitario, sino el del tejedor de redes que conecta inteligencias diversas. No es el del controlador obsesivo, sino el del jardinero que crea las condiciones para que florezcan las iniciativas regenerativas.

En este contexto, las organizaciones —especialmente las empresas— europeas que han sabido evolucionar hacia modelos más colaborativos, sostenibles e integradores no son solo ejemplos inspiradores. Son laboratorios donde se está experimentando con nuevas formas de tomar decisiones, de distribuir el poder, de generar valor compartido. Son las semillas de ese nuevo sistema que podríamos construir si no nos dejamos seducir por los atajos populistas.

Pero estas organizaciones no pueden actuar solas. Necesitan un ecosistema institucional que las apoye, políticas públicas que reconozcan y fomenten este tipo de liderazgo distribuido, y una ciudadanía educada en y para la complejidad de los tiempos que vivimos. Porque el nuevo liderazgo regenerativo no puede emerger en el vacío; necesita el terreno fértil de instituciones democráticas cuidadas y renovadas.

Al final, en este mundo hiperconectado pero paradójicamente fragmentado, el liderazgo del futuro será aquel que sepa crear vínculos auténticos en medio de la polarización, construir propósitos compartidos en medio de la fragmentación y sostener la esperanza en medio de la incertidumbre. Porque liderar ya no es imponer una visión, sino ayudar a que emerja una visión colectiva lo suficientemente poderosa como para movilizar a las personas hacia un futuro regenerativo.

El llamado final

Como decía al principio, llevamos mapas del siglo xx para territorios del siglo xxi. Pero la solución no es renunciar a navegar, sino aprender a hacerlo sin mapa pero con brújula. Una brújula que apunte siempre hacia la dignidad humana, hacia la sostenibilidad planetaria y hacia esa versión mejorada de nuestra civilización que Europa puede ofrecer al mundo.

Las grandes transformaciones solo pueden hacerse de la mano de las personas. La respuesta debe ser humanista. Necesitamos ser protagonistas de un Nuevo Renacimiento que construya una sociedad mejor, no los administradores pasivos de una decadencia anunciada.

El camino no es fácil, pero nunca como ahora ha estado tan en nuestra mano escribir el futuro. En medio del caos de las plataformas y los populismos, necesitamos recordar una verdad simple pero poderosa: debemos apostar siempre por lo que nos hace más humanos, más cooperativos, más regenerativos. Todo lo demás lo harán las máquinas o lo impondrán los autoritarios.

Europa no solo puede liderar este nuevo renacimiento. Europa debe hacerlo. Porque somos los herederos de una tradición civilizatoria única en la historia humana: la capacidad de crear unidad desde la diversidad, progreso desde la cooperación y esperanza desde la complejidad.

El futuro no será construido por quienes prometen orden desde el caos, sino por quienes tengan el coraje de construirlo desde una inteligencia colectiva con propósito. Sin buenismos ni falsas promesas.

El epílogo no es un cierre, sino una declaración de intenciones. Una llamada a continuar el viaje por cuenta propia, con la brújula afinada y la convicción renovada de que Europa puede ser un faro que el mundo necesita.

Este libro fue una invitación a un viaje que genera compromiso con la acción. El futuro de Europa, y quizá del mundo, se construye ahora. Nos necesita a todos, pero siempre en el marco de nuestras reglas y valores, que son los que nos hacen fuertes.

Agradecimientos

Son muchas las personas que me han acompañado en este viaje personal de escribir un libro. Algunas ya no están, pero me siguen acompañando.

No puedo mencionar aquí a todas, pero sí quiero agradecer a dos personas en particular.

A Manuel Pimentel, por escucharme y animarme a acometer esta aventura.

A Juan Torregrosa Pisonero, por su espíritu combativo y creativo, que tanto me inspiró en nuestro proyecto de Relathia *Sherpas del s. XXI*, al que tanto debe este libro.